참 쉬운 글쓰기3

목적에 맞는 글 쓰기

교재의 구성과 특징

참 쉬운 글쓰기 3

'목적에 맞는 글 쓰기'를 소개합니다.

- 초등학교 3~6학년 국어 교과서 글쓰기 내용과 긴밀하게 연결되어 있습니다.
- 목적, 내용에 맞는 다양한 종류의 글을 읽고 쓰는 연습을 할 수 있도록 구성하였습니다.
- 유형별 글쓰기 연습을 통해 글쓰기 능력을 갖추는 데 중점을 두었습니다.
- 글을 읽고 따라 쓰다 보면 글쓰기에 대한 자신감과 실력이 쑥쑥 늘어나 있습니다.
- 그리고 참 쉬운 글쓰기는 '쉽고, 재미있는' 글쓰기 교재입니다.

시작해 볼까요!

01 어떤 글일까요?

02 활동 시작

참 쉬운 글쓰기 3

목적에 맞는 글쓰기

| 교재 내용 문의 | 교재 내용 문의는 EBS 초등사이트 (primary.ebs.co.kr)의 교재 Q&A 서비스를 활용하시기 바랍니다. | 교재 정오표 공지 | 발행 이후 발견된 정오 사항을 EBS 초등사이트 정오표 코너에서 알려 드립니다. 교과/교재 ▶ 교재 ▶ 교재 선택 ▶ 정오표 | 교재 정정 신청 | 공지된 정오 내용 외에 발견된 정오 사항이 있다면 EBS에 알려 주세요. 교과/교재 ▶ 교재 ▶ 교재 선택 ▶ 교재 Q&A |

EBS와 함께하는 초등 학습

참 쉬운 글쓰기 급수 한자

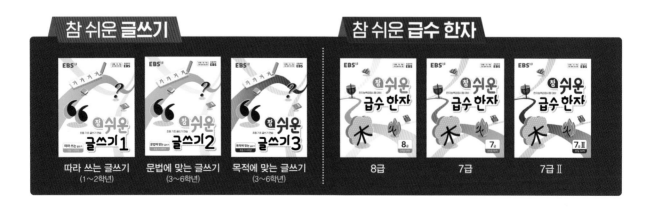

참 쉬운 글쓰기

따라 쓰는 글쓰기
(1~2학년)

문법에 맞는 글쓰기
(3~6학년)

목적에 맞는 글쓰기
(3~6학년)

참 쉬운 급수 한자

8급

7급

7급 Ⅱ

03
쉽게 재미있게 특별하게

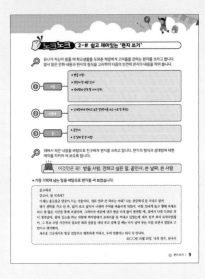

04
따라 쓰기

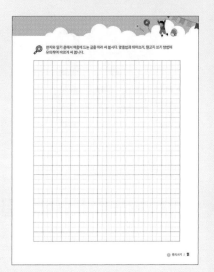

05
생각 열차

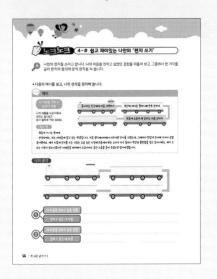

06
나만의 쓰기

07
다양한 쓰기의 종류

차례

참 쉬운 글쓰기 3

목적에 맞는 글 쓰기

Ⅰ. 마음을 표현하는 글 쓰기

1장 편지 쓰기 ················· 7

2장 일기 쓰기 ················· 17

Ⅱ. 경험을 나타내는 글 쓰기

3장 생활문 - 인상 깊었던 일 쓰기 ······ 29

4장 생활문 - 겪은 일 쓰기 ·············· 39

5장 기행문 쓰기 ······················· 49

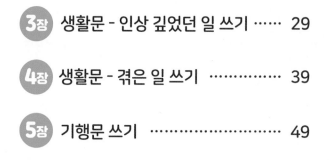

Ⅲ. 생각을 정리하는 글 쓰기

6장 요약하는 글 쓰기 ················· 61

7장 독서 감상문 쓰기 ················· 71

8장 설명하는 글 쓰기 ················· 81

9장 제안하는 글 쓰기 ················· 91

10장 발표문 쓰기 ················· 101

11장 주장하는 글 쓰기 ················· 111

I.
마음을
표현하는
글 쓰기

1장 편지 쓰기 ································· 7

2장 일기 쓰기 ································· 17

1장 편지 쓰기

교과서에서 배워요

- 목적이나 대상에 맞게 알맞은 형식을 사용하여 글을 씁니다.
- 읽는 사람을 고려하며 자신의 마음을 표현하는 글을 씁니다.
- 읽는 사람을 존중하고 배려하며 글을 쓰는 태도를 지닙니다.
- 전하고 싶은 마음을 담아 편지를 써 봅니다.

'편지'는 어떤 글일까요

편지는 자신이 잘 지내고 있는지 또는 어떤 소식 등을 상대방에게 전달하기 위해 쓰는 글입니다. 편지는 받을 사람이 정해져 있기 때문에 예의를 지키며 써야 하며, 편지의 기본 형식을 갖추어 쓰는 것도 중요합니다. 편지는 '처음(받을 사람, 첫인사) − 가운데(전하고 싶은 말) − 끝(끝인사, 쓴 날짜, 쓴 사람)'이라는 기본 형식이 있으며, 상대방과의 관계에 따라 자유로운 형식으로 쓰는 경우도 있습니다.

'편지'를 쉽고, 편하게 쓰려면

① 첫머리에는 받을 사람 , 첫인사, 계절 인사, 자기 안부, 상대방의 안부 등을 씁니다.
② 사연에는 전하고 싶은 말(자신이 편지를 쓰게 된 이유, 사연)을 씁니다.
③ 끝맺음에는 끝인사와 쓴 날짜, 쓴 사람을 쓰고 글을 마무리합니다.
④ 편지는 글로 주고받는 대화이므로 상대방과 대화하듯이 자연스럽게 쓰면 됩니다.
　 하지만 상대방에 대한 예의는 꼭 지켜야 한다는 점을 기억하세요.
⑤ 자신이 상대방에게 편지를 쓰는 이유를 분명하게 밝혀 쓰는 것이 중요합니다.

 다음은 듀나가 편지를 쓰는 모습을 구성해 본 장면들입니다. 만화를 잘 보고, 듀나가 친구에게 어떤 마음을 전하고 싶은지를 생각해 봅시다.

🔍 듀나가 자신이 힘들 때 학교생활을 도와준 짝꿍에게 고마움을 전하는 편지를 쓰려고 합니다. 앞서 읽은 만화 내용과 편지의 형식을 고려하여 다음의 빈칸에 편지의 내용을 적어 봅니다.

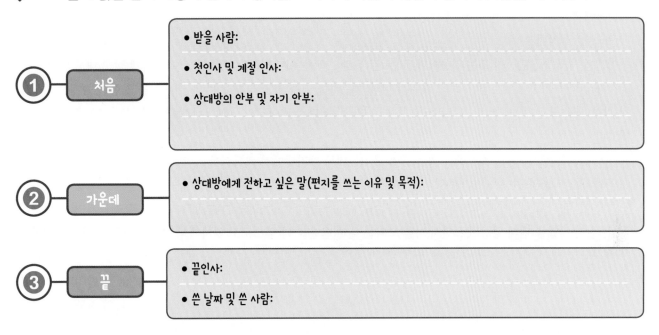

① 처음
- 받을 사람:
- 첫인사 및 계절 인사:
- 상대방의 안부 및 자기 안부:

② 가운데
- 상대방에게 전하고 싶은 말(편지를 쓰는 이유 및 목적):

③ 끝
- 끝인사:
- 쓴 날짜 및 쓴 사람:

🔍 위에서 적은 내용을 바탕으로 친구에게 편지를 쓰려고 합니다. 편지의 형식과 상대방에 대한 예의를 지키며 써 보도록 합니다.

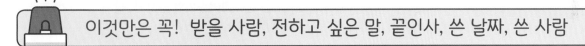

이것만은 꼭! 받을 사람, 전하고 싶은 말, 끝인사, 쓴 날짜, 쓴 사람

• 가장 기억에 남는 일을 바탕으로 편지를 써 보았습니다.

> 중교에게
> 중교야, 잘 지내지?
> 이제는 울긋불긋 단풍이 드는 가을이다. 새로 전학 간 학교는 어때? 나는 건강하게 잘 지내고 있어.
> 네가 전학을 가고 난 후, 많이 보고 싶어서 너와의 추억을 떠올리게 되었어. 너랑 신나게 놀고 함께 숙제도 하고 참 많은 시간을 함께 보냈더라. 그러다가 예전에 내가 팔을 다쳐 많이 불편할 때, 곁에서 나를 도와준 것이 생각났어. 팔에 깁스를 하는 바람에 책가방에서 교과서를 못 꺼내고 있었는데 네가 먼저 와서 도와주었잖아. 그 후로 수업 시간마다 필요한 책과 필통을 꺼내 주고 집에 갈 때는 다시 넣어 주는 너를 보면서 정말로 고맙다고 생각했어.
> 새로운 그곳에서도 항상 건강하고 행복하게 지내고, 우리 언젠가는 다시 꼭 만나자.
>   20○○년 10월 18일 너의 친구, 듀나가

● 편지를 다음과 같이 다시 써 보았습니다.

> 중교에게
>
> 중교야, 잘 지내지?
>
> 이제는 울긋불긋 단풍이 드는 가을이다. 새로 전학 간 학교는 어때? 건강하지? 나도 건강하게 잘 지내고 있어.
>
> 네가 전학을 가고 난 후, 많이 보고 싶어서 너와의 추억을 떠올리게 되었어. 너랑 신나게 놀고 함께 숙제도 하고 참 많은 시간을 함께 보냈더라. 그러다가 예전에 내가 팔을 다쳐 많이 불편할 때, 네가 곁에서 나를 도와준 것이 생각났어.
>
> 팔에 깁스를 해서 1교시 시작을 알리는 종이 울리는데도 책가방에서 교과서를 못 꺼내고 있을 때, 네가 먼저 다가와서 내 교과서와 필통을 꺼내 주었잖아. 그때는 정말로 고마워서 눈물이 날 뻔했어.
>
> 그날 이후, 팔이 다 나을 때까지 불평 한번 없이 매일 책가방에서 필요한 책과 필통을 꺼내 주고 다시 넣어 주었잖아. 쉽지 않았을 텐데 항상 웃으면서 나를 도와준 네 마음은 아마 앞으로도 잊지 못할 거야. 친구야, 정말로 고마웠어. 새로운 그곳에서도 항상 건강하고 행복하게 지내고, 우리 언젠가는 다시 꼭 만나자.
>
> 20○○년 10월 18일
>
> 너의 친구, 듀나가

● 위의 편지를 일기 형식으로 써 보았습니다.

> 10월 18일 월요일 날씨: 맑다가 조금 흐려짐
> 보고 싶다. 고마웠다. 친구야!
>
> 이제는 울긋불긋 단풍이 드는 가을이다. 찬바람도 불고 뭔가 허전함에 이런저런 생각을 하다 보니 얼마 전 전학을 간 내 친구 중교가 떠올랐다. 잘 지내고 있겠지?
>
> 중교와 즐겁게 지낸 학교생활을 떠올리니 갑자기 너무 보고 싶어졌다. 짝꿍인 중교는 나랑 마음이 잘 맞아서 거의 매일 신나게 놀고 함께 숙제도 하면서 많은 시간을 함께 보냈다. 그러다가 예전에 내가 팔을 다쳐 많이 불편할 때, 곁에서 나를 도와준 것이 생각났다. 그때 팔에 깁스를 해서 1교시 시작을 알리는 종이 울리는데도 가방에서 교과서를 못 꺼내고 있을 때, 중교가 먼저 눈치를 채고 교과서와 필통을 꺼내 주었다. 그러면서 깁스를 풀 때까지는 팔이 많이 불편할 테니 앞으로 필요하면 언제든 자기한테 말하라고 한 멋진 친구! 늘 그리운 친구인데, 오늘따라 더 생각이 난다.
>
> 그날 이후, 팔이 다 나을 때까지 불평 한번 없이 항상 웃으면서 나를 도와준 중교의 마음은 아마 앞으로도 잊지 못할 거다. 나의 친구 중교, 새로운 그곳에서도 항상 건강하고 행복하게 지냈으면 좋겠고 언젠가는 다시 꼭 만났으면 좋겠다.

편지와 일기 중에서 마음에 드는 글을 따라 써 봅시다. 맞춤법과 띄어쓰기, 원고지 쓰기 방법에 유의하며 바르게 써 봅니다.

4-# 쉽고 재미있는 나만의 '편지 쓰기'

 나만의 편지를 쓰려고 합니다. 나의 마음을 전하고 싶었던 경험을 떠올려 보고, 그중에서 한 가지를 골라 편지의 형식에 맞게 편지를 써 봅니다.

• 다음의 예시를 보고, 나의 생각을 정리해 봅니다.

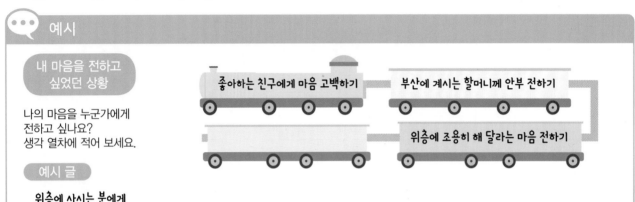

예시

내 마음을 전하고 싶었던 상황

나의 마음을 누군가에게 전하고 싶나요?
생각 열차에 적어 보세요.

- 좋아하는 친구에게 마음 고백하기
- 부산에 계시는 할머니께 안부 전하기
- 위층에 조용히 해 달라는 마음 전하기

예시 글

위층에 사시는 분에게

안녕하세요. 저는 아래층에 살고 있는 학생입니다. 가끔 엘리베이터에서 마주치면 인사를 드렸는데, 그때마다 반갑게 인사해 주셔서 정말 감사했어요. 제가 이렇게 편지를 쓰는 이유는 요즘 늦은 시각에 위층에서 뛰는 소리가 자주 들려서 약간의 불편함을 겪고 있어서예요. 제가 모르는 사정이 있으시겠지만 아래층을 배려해서 조금이라도 층간 소음을 줄여 주셨으면 감사하겠습니다.

나의 생각

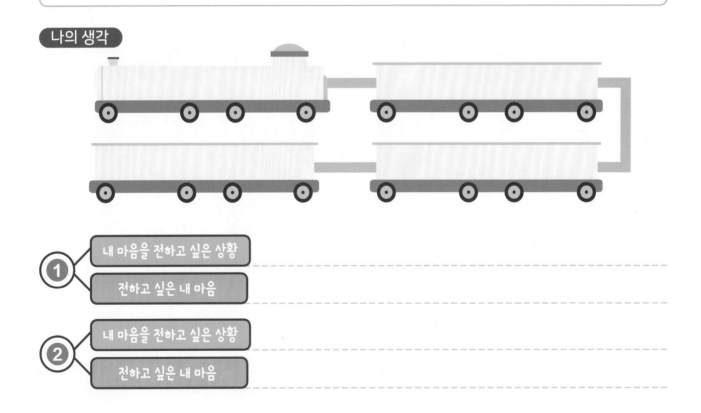

① 내 마음을 전하고 싶은 상황 ----------

전하고 싶은 내 마음 ----------

② 내 마음을 전하고 싶은 상황 ----------

전하고 싶은 내 마음 ----------

 편지 쓰기의 종류와 방법은 여러 가지가 있습니다. 편지 쓰기의 다양한 방법들을 보여 줄게요. 즐겁고 재미있는 편지 쓰기로 한 발 더 나아가 봅시다.

● 다양한 편지 쓰기 종류

축하 편지

상대방의 생일, 합격, 졸업 등 기쁜 일을 축하해 주는 편지

축하합니다

민영아, 오늘이 드디어 졸업이구나. 초등학교 6년 동안 많은 일들이 있었는데, 너를 만난 건 내 인생 최고의 행운이었어. 우리 중학교에 가서도 지금처럼 멋진 친구로 남자. 서로에게 축하 인사를 전하며 오늘 하루 즐겁게 보내자.^^

안부 편지

자신의 안부를 전하거나 상대방의 안부를 묻는 편지

부산에 계신 할머니께

안녕하세요. 할머니, 그동안 잘 지내셨죠? 저도 잘 지내고 있어요.

오늘 '노인과 바다'라는 책을 읽었는데 할머니께서 예전에 잠들기 전에 마치 구연 동화하듯이 생생하게 이야기해 주신 게 생각나서 이렇게 편지를 써요. 할머니의 다른 이야기도 듣고 싶고 보고 싶기도 해요. 빨리 겨울 방학이 와서 부산에 가고 싶어요. 제가 꼭 갈 테니 조금만 기다려 주세요.

그럼 감기 조심하세요.

초대 편지

결혼식, 생일 등의 행사에 손님을 모시고자 하는 편지

초대장

나미와 지훈! 결혼합니다!

날짜: 20○○년 ○월○일

장소: 종로5가 ○○예식장

상담 편지

자신의 고민을 함께 이야기하거나 해결이 필요할 때 상대방에게 조언을 구하는 편지

상담 선생님께

선생님, 제게 요즘 고민이 생겼어요. 얼마 전에 친했던 친구와 사소한 오해가 생겼는데 점점 더 사이가 나빠지고 있어요. 아무리 생각해도 어떤 방법으로 사과를 하고 화해를 해야 할지를 잘 모르겠어요. 저는 어떻게 해야 할까요?

감사 편지

어떤 고마운 일에 대한 감사의 마음을 전하는 편지

감사합니다

지난 20○○년 ○월○일 저희 아버지의 생신 잔치에 오셔서 축하해 주신 데 대하여 감사의 마음을 올립니다.

알림 편지

가게의 상호가 바뀌거나 영업 시간의 변경 등 어떤 소식을 알리는 편지

○○치과 ○○점

진료 안내문

4월 15일 국회 의원 선거일에 정상 진료합니다.

진료시간 : 오전 9시30분 ~오후 6시30분

점심시간 : 오후 1시~2시

✚ ○○치과 ○○점

2장 일기 쓰기

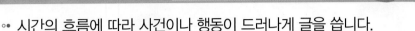

교과서에서 배워요

- 시간의 흐름에 따라 사건이나 행동이 드러나게 글을 씁니다.
- 체험한 일에 대한 감상이 드러나게 글을 씁니다.
- 겪은 일이 잘 드러나게 글을 써 봅니다.

'일기'는 어떤 글일까요

 일기는 날마다 그날그날 겪은 일들 중에서 가장 기억에 남는 일을 쓰고, 그에 대한 자신의 생각, 느낌을 표현하는 글입니다. 하루 일과 중에서 가장 즐거웠거나 반대로 슬펐던 일, 또는 신기하거나 감동을 받았던 일 등에서 한 가지 일을 중심으로 쓰는 것이 좋습니다. 이때, 겪은 일을 단순히 구체적으로 기록하는 것보다는 겪은 일에 대한 자신의 생각이나 느낌을 자세히 써야 합니다. 그리고 일기는 하루를 마무리하며 쓰는 글이므로 솔직하게 쓰는 것이 중요합니다. 일기는 자신이 느낀 감정과 생각을 진솔하게 적으면서 자신의 하루를 되돌아보는 시간이기도 하기 때문입니다.

'일기'를 쉽고, 편하게 쓰려면

① 자신이 오늘 하루 동안 겪은 일들을 떠올려 봅니다. 머릿속에서 정리가 잘 되지 않으면 시간의 순서에 따라 '아침 – 낮 – 저녁'으로 나누어 생각해 보는 것도 좋습니다.

② 하루의 일과를 떠올려 보고 그중에서 한 가지 일을 정하고 일기로 쓸 내용을 '언제 – 어디에서 – 누구와 – 무슨 일'을 중심으로 간단히 정리하고, 그에 대한 자신의 생각이나 느낌에 초점을 맞추는 것이 중요합니다.

③ 일기는 자신의 마음을 표현하는 글이므로 형식이 특별히 정해져 있지는 않지만, '날짜 – 요일 – 날씨 – 일기 제목'은 꼭 쓰도록 합니다.

1-# '일기 쓰기' 활동 시작

 다음은 듀나의 하루를 나타내는 장면들입니다. 만화를 잘 보고, 듀나가 하루를 어떻게 보냈는지 함께 살펴봅시다.

듀나의 하루를 간략하게 정리해 보려고 합니다. 만화 내용을 바탕으로 듀나가 겪은 일을 시간 순서에 맞게 정리해 보고, 어떤 제목이 좋을지 생각해 봅니다.

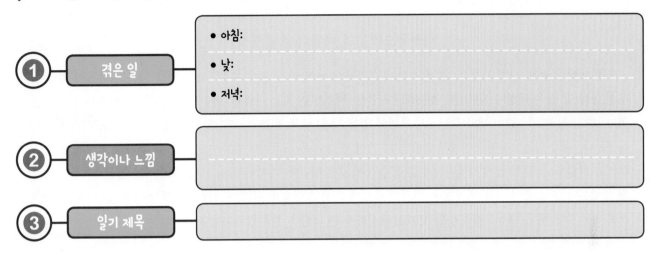

① 겪은 일
- 아침:
- 낮:
- 저녁:

② 생각이나 느낌

③ 일기 제목

위에서 적은 내용을 바탕으로 일기를 쓰려고 합니다. 가장 기억에 남는 일을 정하고 그에 대한 생각이나 느낌이 잘 드러나도록 일기를 써 보도록 합니다.

이것만은 꼭! 날짜, 요일, 날씨, 일기 제목

• 가장 기억에 남는 일을 바탕으로 일기를 써 보았습니다.

20○○년 11월 7일 토요일 날씨: 하루 종일 매우 맑음

아빠와 산책하기

오늘 아빠랑 동네 산책을 했다. 걸어서 큰 호수까지 갔는데 하천에는 우리처럼 산책을 나온 사람들이 많았다. 하천 산책로는 길이 넓고 평탄해서 초반에 걷는 것은 무척 편했다.

그런데 가면 갈수록 길이 좁아지면서 험해져 내가 힘들어하자 아빠가 힘내라며 조금만 더 가면 큰 호수에 도착한다고 격려해 주셨다. 그리고 정말로 그 길의 끝에 가까워지자 큰 호수가 펼쳐져 있었다.

가까이 가서 보니, 호수에는 청둥오리들이 둥둥 떠 있었는데 그 모습이 아주 귀여웠다. 그런데 호수 건너편으로 날아가는 걸 어떻게 알았는지, 주변에 있던 청둥오리 여러 마리가 갑자기 휘리릭 솟아올라 반대쪽으로 날아갔다. 많은 청둥오리들이 한 번에 날갯짓을 하는 모습은 정말 장관이었다. 너무 감동적이어서 아름답다는 생각까지 들 정도였다.

오늘 하루 아빠와 단 둘이서 산책도 하며 이야기도 나누고, 청둥오리들의 멋진 날갯짓도 보고 즐거운 하루였다.

● 일기를 다음과 같이 다시 써 보았습니다.

20○○년 11월 7일 토요일 날씨: 하루 종일 맑음

청둥오리들의 아름다운 날갯짓

오늘 아빠랑 동네 산책을 했다. 걸어서 큰 호수까지 갔는데 가는 길에 우리처럼 산책을 나온 사람들이 많았다. 우선 동네 앞 작은 하천에 들어서자 농구하는 사람들, 배드민턴 치는 사람들, 반려견과 산책하는 사람들이 많이 보였다. 하천 산책로는 길이 넓고 평탄해서 초반에 걷는 것은 무척 편했다. 그런데 가면 갈수록 길이 좁아지면서 험해졌는데, 내가 힘들어하자 아빠께서 조금만 더 가면 큰 호수에 도착하니 힘내서 조금만 더 걷자며 격려해 주셨다. 그리고 정말로 그 길의 끝에 가까워지자 큰 호수가 펼쳐져 있었다. 가까이 가서 보니, 호수에는 청둥오리들이 둥둥 떠 있었는데 그 모습이 아주 귀여웠다. 그런데 주변에 있던 청둥오리 여러 마리가 갑자기 휘리릭 솟아올라 반대쪽으로 날아갔다. 많은 청둥오리들이 한 번에 날갯짓을 하는 모습은 정말 장관이었다.

"우와, 아빠 방금 청둥오리들이 날갯짓하는 거 보셨어요? 정말 멋있어요!"

나는 아빠에게 너무 흥분한 나머지 방방 뛰며 말했는데, 아빠는 그 모습이 재미있으신지 나를 보며 한참을 웃으셨다.

오늘 하루 아빠와 단 둘이서 산책도 하며 이야기도 나누고, 청둥오리들의 멋진 날갯짓도 보고 아주 즐거운 하루였다.

● 위의 일기를 편지 형식으로 써 보았습니다.

아빠에게

아빠, 요즘에는 별일 없으시죠?

매일 집에서 뵙는 아빠인데 이렇게 편지를 쓰려니 괜히 어색하고 쑥스럽네요.

오늘 아빠와 함께 동네 앞 하천을 산책하다가 큰 호수가 있는 곳까지 걸어가게 되었잖아요. 아빠와 오랜만에 산책을 하며 이야기하는 것도 좋았지만, 호수에서 본 청둥오리는 잊지 못할 것 같아요. 여러 마리의 청둥오리들이 한순간에 날갯짓하는 모습은 정말 감동적이었어요. 순간 너무 아름답다는 생각까지 들 정도여서 저도 모르게 흥분해서 방방 뛰었던 것 같아요.

아빠께서 먼저 산책하자고 하시지 않았으면 그냥 집에서 뒹굴며 주말을 보냈을 텐데, 덕분에 그런 멋진 모습도 보고 감사해요. 그리고 제가 산책 중간에 길이 험해져 힘들어할 때 옆에서 토닥여 주실 때는 든든하면서 힘도 나고 좋았어요.

오늘 하루, 아빠와 함께 즐거운 시간을 보내니 저도 기분이 좋고 아빠께 감사한 마음도 들어서 편지를 쓰게 되었는데, 제 마음을 이렇게 전하니 좋아요. 그럼 앞으로도 이런 시간을 자주 갖기를 바라며 이만 쓸게요.

11월 7일 토요일, 아빠의 아들 듀나 올림

일기와 편지 중에서 마음에 드는 글을 따라 써 봅시다. 맞춤법과 띄어쓰기, 원고지 쓰기 방법에 유의하며 바르게 써 봅니다.

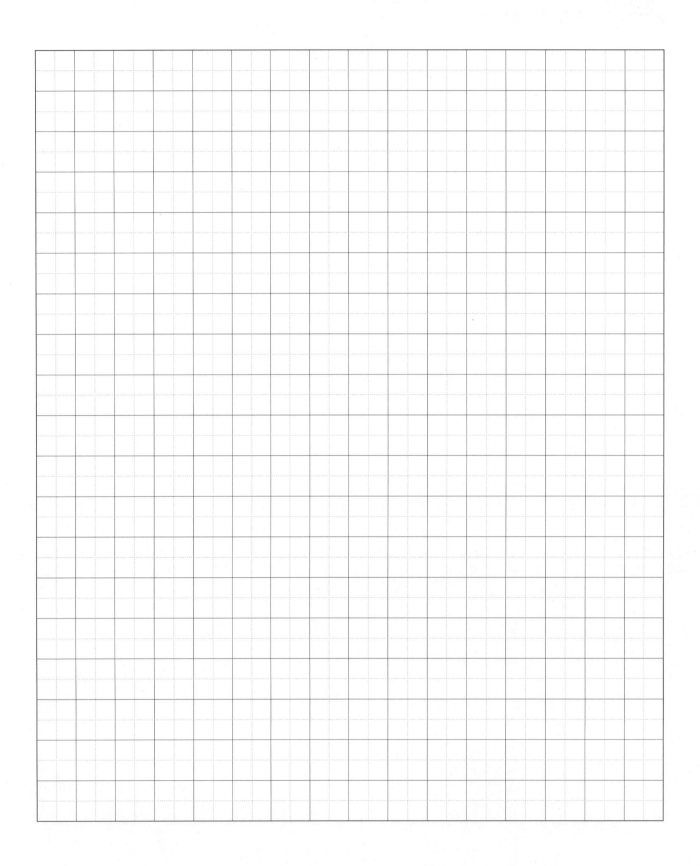

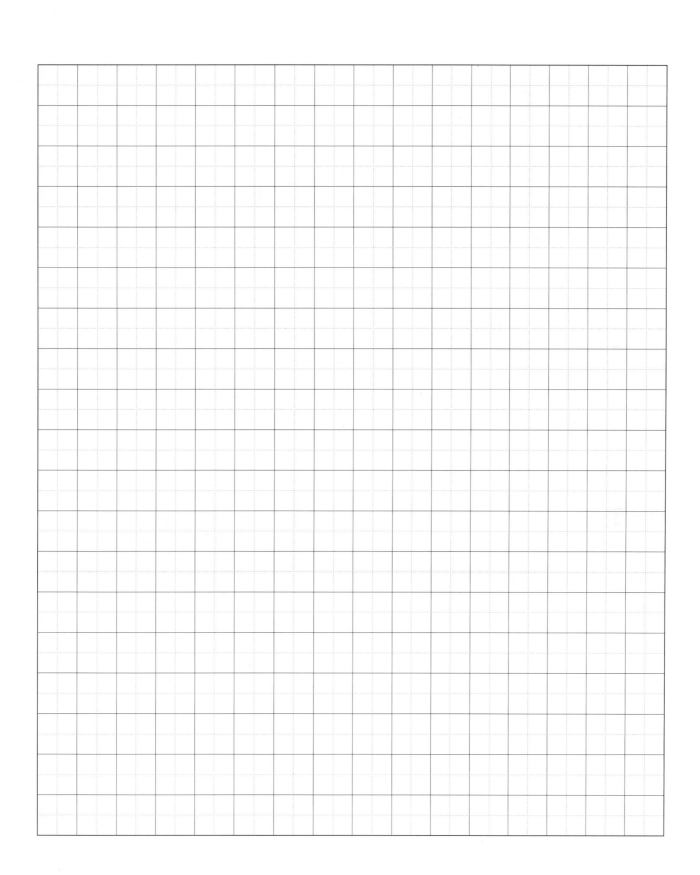

4-# 쉽고 재미있는 나만의 '일기 쓰기'

나만의 일기를 쓰려고 합니다. 자신이 오늘 하루 동안 겪은 일을 떠올려 정리해 봅니다. 시간 순서대로 떠올려 보며 생각을 정리하는 것도 좋은 방법입니다.

• 다음의 예시를 보고, 나의 생각을 정리해 봅니다.

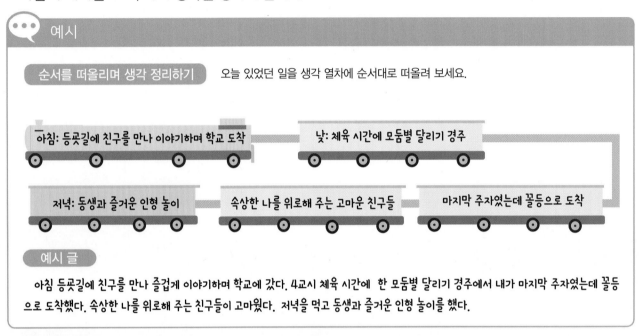

예시

순서를 떠올리며 생각 정리하기 오늘 있었던 일을 생각 열차에 순서대로 떠올려 보세요.

아침: 등굣길에 친구를 만나 이야기하며 학교 도착

낮: 체육 시간에 모둠별 달리기 경주

저녁: 동생과 즐거운 인형 놀이

속상한 나를 위로해 주는 고마운 친구들

마지막 주자였는데 꼴등으로 도착

예시 글

  아침 등굣길에 친구를 만나 즐겁게 이야기하며 학교에 갔다. 4교시 체육 시간에 한 모둠별 달리기 경주에서 내가 마지막 주자였는데 꼴등으로 도착했다. 속상한 나를 위로해 주는 친구들이 고마웠다. 저녁을 먹고 동생과 즐거운 인형 놀이를 했다.

나의 생각

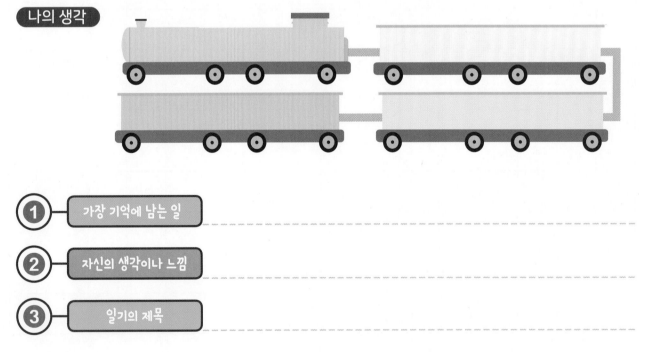

① 가장 기억에 남는 일 ....

② 자신의 생각이나 느낌 ....

③ 일기의 제목 ....

월 일 요일	날씨 :
제목 :	

....

....

....

....

....

....

....

....

....

....

....

....

....

....

노크노크 # 다양한 '일기 쓰기'

🔍 매일 똑같은 일기 쓰기는 재미없어질 수도 있습니다. 일기 쓰기의 다양한 방법들을 보여 줄게요.
즐겁고 재미있는 일기 쓰기로 한 발 더 나아갈 수 있습니다.

• 다양한 일기 쓰기 종류

주제 일기	감상 일기	만화 일기
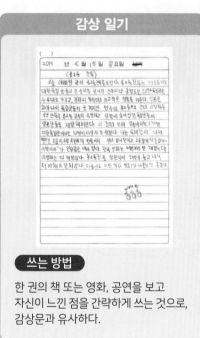	(감상 일기 본문)	

주제 일기

쓰는 방법

하루 일과 중 가장 기억에 남는 일을 쓰는
것으로, 가장 일반적인 일기 형태이다.

감상 일기

쓰는 방법

한 권의 책 또는 영화, 공연을 보고
자신이 느낀 점을 간략하게 쓰는 것으로,
감상문과 유사하다.

만화 일기

쓰는 방법

일기 내용을 만화 형식으로 쓰는 것으로,
그림과 글을 함께 활용한다.

관찰 일기

쓰는 방법

주변에서 관찰할 수 있는 내용을 바탕으로 관찰한
내용을 자세히 기록하여 매일 일기 형태로 쓴다.

II.
경험을
나타내는
글 쓰기

3장 생활문_ 인상 깊었던 일 쓰기 ······ 29

4장 생활문_ 겪은 일 쓰기 ················· 39

5장 기행문 쓰기 ··························· 49

3장

생활문
인상 깊었던 일 쓰기

교과서에서 배워요

◦ 인상 깊었던 일을 생각이나 느낌이 잘 드러나게 글로 써 봅니다.
◦ 체험한 일에 대한 감상이 드러나게 글을 씁니다.

'인상 깊었던 일 쓰기'는 어떤 글일까요

인상 깊은 일이란 자신이 겪은 일 가운데서 가장 기억에 남는 일을 말합니다. 인상 깊은 일을 구체적으로 정리하면 일어난 일을 자세히 표현할 수 있고, 자신이 한 일을 되돌아볼 수 있습니다. 평소에 일어나는 일 중에서 인상 깊었던 일을 자세하게 쓰기도 하고, 반대로 평소와 다른 특별한 일이나 자신의 생각 또는 느낌이 달라진 일을 골라서 글을 쓰기도 합니다. 그리고 글을 완성한 후에 제목을 정할 때에는 자신이 쓴 글에서 가장 하고 싶은 말이 무엇인지, 어떤 마음을 표현하고 싶은지를 생각해 보도록 합니다.

'인상 깊었던 일 쓰기'를 쉽고, 편하게 쓰려면

① 자신이 그동안 겪은 일 중에서 인상 깊었던 일을 떠올리며 차례대로 정리합니다.
② 인상 깊었던 일을 정리하면서 하나를 글감으로 고르고, 그 일을 고른 까닭을 생각하며 대략적인 쓸 내용을 떠올려 봅니다.
③ 글로 쓸 내용을 마련할 때에는 '언제, 어디에서, 누구와 있었던 일인지, 무슨 일이 있었는지, 어떤 마음이 들었는지, 왜 그런 마음이 들었는지'와 같이 구체적으로 생각하는 것이 중요합니다.
④ 단순히 겪은 일을 나열하는 것보다는 그때 어떤 마음이었는지를 구체적으로 쓰는 것이 좋습니다. 또한 글의 중간에 대화를 넣거나 다양한 표현 방법을 활용하면 겪은 일이 실감 나게 잘 드러납니다.

1-# '인상 깊었던 일 쓰기' 활동 시작

다음은 듀나가 그동안 겪은 일들을 나타내는 장면들입니다. 만화를 잘 보고, 듀나가 이 일들을 겪으면서 마음이 어떠했을지 함께 살펴봅시다.

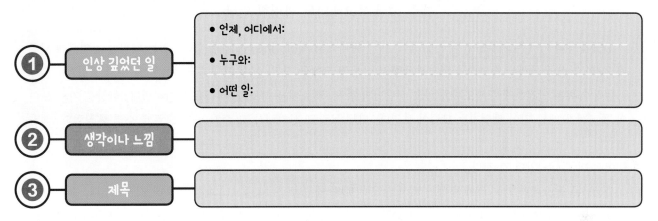

노크노크   2-# 쉽고 재미있는 '인상 깊었던 일 쓰기'

듀나가 겪은 일들 중에서 한 가지를 골라 쓸 내용을 마련하려고 합니다. 만화를 바탕으로 고른 글감을 다음 요소에 맞게 정리하면서 어떤 제목이 좋을지 생각해 봅니다.

① 인상 깊었던 일
- 언제, 어디에서:
- 누구와:
- 어떤 일:

② 생각이나 느낌

③ 제목

위에서 적은 내용을 바탕으로 '인상 깊었던 일 쓰기'를 쓰려고 합니다. 가장 인상 깊었던 일을 글감으로 정하고, 그에 대한 생각이나 느낌이 잘 드러나도록 씁니다.

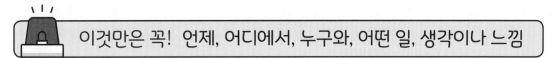

이것만은 꼭! 언제, 어디에서, 누구와, 어떤 일, 생각이나 느낌

• 가장 기억에 남는 일을 바탕으로 '인상 깊었던 일 쓰기'를 써 보았습니다.

제주 바다에서 만난 돌고래

10월에 우리 가족은 제주도로 여행을 갔다. 마침 바다에서 직접 야생 돌고래를 볼 수 있는 체험에 참여하게 되었다. 어릴 때부터 바다 동물을 좋아했는데, 야생 돌고래를 직접 볼 수 있다니 흥분을 감출 수가 없었다.

우리 가족은 안전하게 구명조끼를 입고 선장님과 함께 작은 배를 타고 먼 바다로 출발하였다. 한참을 가자 드디어 돌고래가 떼를 지어 헤엄치는 모습이 보였다. 너무 놀랍고 신기해서 그 순간 나도 모르게 소리를 질렀다. 선장님은 돌고래가 가는 길에 방해가 되지 않도록 배의 엔진을 끈 채 돌고래 떼를 조용히 지켜보셨는데 모두가 신기한 광경에 말을 잇지 못하였다. 그러다 어느 순간 돌고래 세 마리가 바다 위로 힘차게 뛰어올라 곡예사처럼 높이 점프를 했는데, 그때는 모두가 흥분해 소리를 지르고 말았다.

선장님께서 돌아가야 한다는 신호를 보내셔서 모두가 준비를 하는데 그 순간 또 한 마리의 돌고래가 한 바퀴 돌며 멋지게 점프를 했다. 마치 돌고래가 만나서 반가웠다고 내게 인사하는 것 같았다. 바다 위에서 오늘 내가 본 광경은 아마 평생 잊지 못할 것이다.

• '인상 깊었던 일'을 다음과 같이 다시 써 보았습니다.

제주 야생 돌고래와의 짜릿한 만남

10월에 우리 가족은 제주도로 여행을 갔다. 마침 바다에서 직접 야생 돌고래를 볼 수 있는 체험에 참여하게 되었다. 내가 가장 좋아하는 돌고래와 범고래 중에서 야생 돌고래를 직접 볼 수 있다니 흥분을 감출 수가 없었다.

우리 가족은 안전하게 구명조끼를 입고 선장님과 함께 작은 배를 타고 먼 바다로 출발하였다. 한참을 가자 드디어 돌고래가 떼를 지어 헤엄치는 모습이 보였다. 너무 놀랍고 신기해서 그 순간 나도 모르게 소리를 질렀다. 배가 출발하기 전에 선장님께서 돌고래가 다니는 시간과 맞지 않으면 볼 수 없다고 하셔서 살짝 걱정했는데, 직접 볼 수 있어서 더 흥분되었던 것 같다.

선장님은 돌고래가 가는 길에 방해가 되지 않도록 배의 엔진을 끈 채 돌고래 떼를 조용히 지켜보셨다. 숨을 쉬기 위해 돌고래 떼들이 한 번씩 수면 위로 떠오르는 모습은 정말 멋있었다. 가끔 '끼-익' 하는 돌고래 특유의 초음파 소리가 들리기도 했는데 모두가 신기한 광경에 말을 잇지 못하였다. 그러다 어느 순간 돌고래 세 마리가 바다 위로 힘차게 뛰어올라 높이 점프를 했는데, 그 순간만큼은 다들 흥분하여 소리를 지르고 말았다.

약간의 아쉬움이 남았지만 선장님께서 돌아가야 한다는 신호를 보내셔서 모두가 준비를 하는데 그 순간 또 한 마리의 돌고래가 한 바퀴 돌며 멋지게 점프를 했다. 그 모습을 보니 돌고래가 내 마음을 아는 것처럼 느껴졌다. 아쉬움 대신 즐거운 마음으로 돌아가라고, 만나서 반가웠다고 인사해 주는 것 같았다. 멀리서나마 바다를 헤엄치는 돌고래를 본 일은 한동안 잊지 못할 것이다.

• 위의 '인상 깊었던 일'을 '기행문'으로 써 보았습니다.

어릴 때부터 바다 동물을 좋아했는데, 내가 가장 좋아하는 돌고래와 범고래 중에서 야생 돌고래를 바다에서 직접 볼 수 있다고 해서 20○○년 10월 13일부터 15일까지 제주도로 가족 여행을 가게 됐다.

선장님과 함께 작은 배를 타고 먼 바다로 출발해 한참을 가자 드디어 돌고래가 떼를 지어 헤엄치는 모습이 보였다. 정말 입이 떡 벌어졌다. 선장님께서는 돌고래가 가는 길에 방해가 되지 않도록 배의 엔진을 끈 채 돌고래 떼를 조용히 지켜봐야 한다고 말씀하셨다.

돌고래 떼와 함께 바다에 있다는 게 너무 신기해서 순간 닭살이 돋기도 했다. 돌고래가 다니는 시간과 맞아서 운 좋게도 직접 볼 수 있어서 더 흥분되었던 것 같다. 그러다 어느 순간 돌고래 세 마리가 바다 위로 힘차게 뛰어올라 높이 점프를 했는데, 그때는 모두가 흥분해 소리를 지르고 말았다.

돌고래의 짜릿한 점프까지 보고 집으로 돌아가려는데, 그 순간 또 한 마리의 돌고래가 한 바퀴 돌며 멋지게 점프를 했다. 마치 돌고래가 만나서 반가웠다고 내게 인사하는 것 같았다. 집에 돌아가면 돌고래와 관련된 책을 읽고, 오늘 본 일을 꼭 기록해 평생 간직하겠다고 다짐하였다.

두 개의 '인상 깊었던 일 쓰기' 중에서 마음에 드는 글을 따라 써 봅시다. 맞춤법과 띄어쓰기, 원고지 쓰기 방법에 유의하며 바르게 써 봅니다.

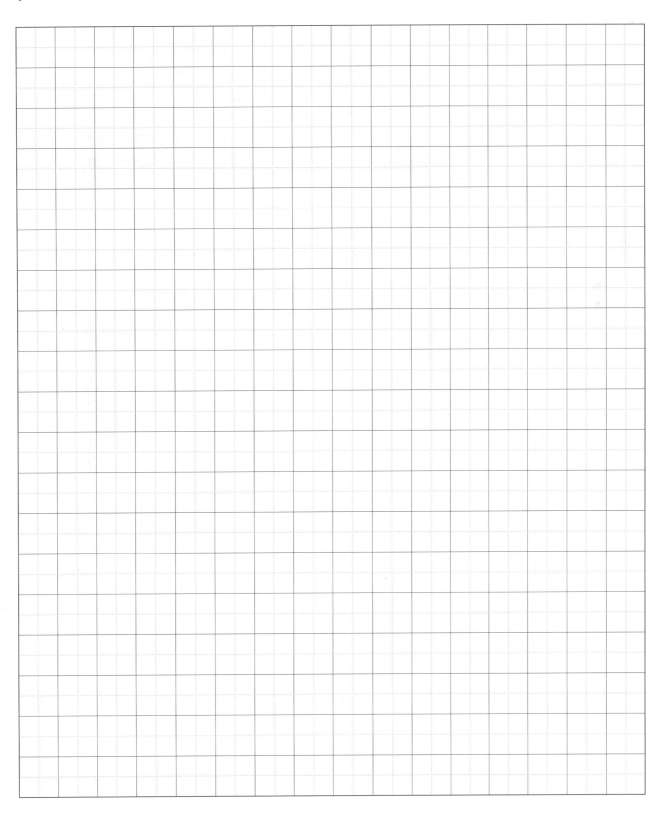

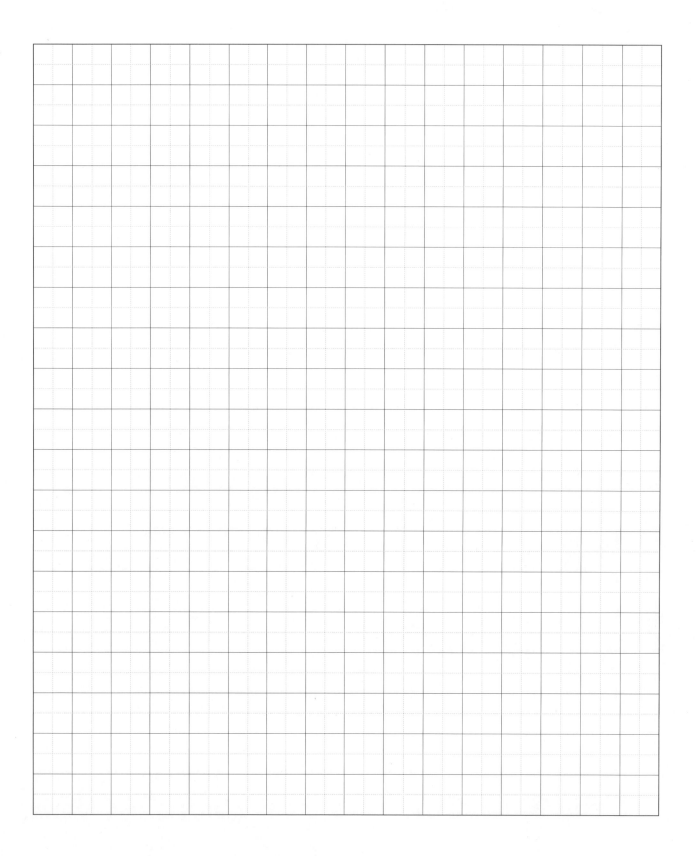

4-# 쉽고 재미있는 나만의 '인상 깊었던 일 쓰기'

나만의 '인상 깊었던 일'을 쓰려고 합니다. 나의 경험 중에서 가장 기억에 남는 일의 순위를 정해 봅니다.

• 다음의 예시를 보고, 나의 생각을 정리해 봅니다.

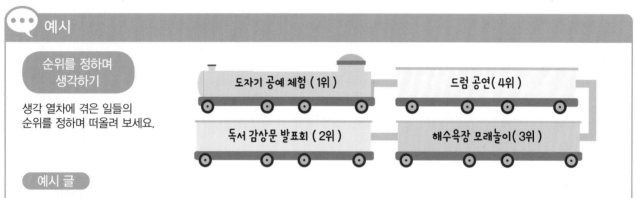

예시

순위를 정하며 생각하기

생각 열차에 겪은 일들의 순위를 정하며 떠올려 보세요.

도자기 공예 체험 (1위)

드럼 공연(4위)

독서 감상문 발표회 (2위)

해수욕장 모래놀이(3위)

예시 글

여주 공방에서 물레를 직접 돌리며 나만의 도자기를 만든 경험이 가장 인상 깊었다. 그 다음은 우리 반 친구들 앞에서 나의 독서 감상문을 발표했던 일인데 그때는 정말 많이 긴장했었다. 그리고 매년 여름이면 부산 할아버지 댁에 가서 즐기는 해수욕장 모래놀이가 세 번째이다. 드럼 공연은 내가 드럼에 흥미가 있어서인지 떨지 않고 즐기면서 공연을 했던 것 같다.

나의 생각

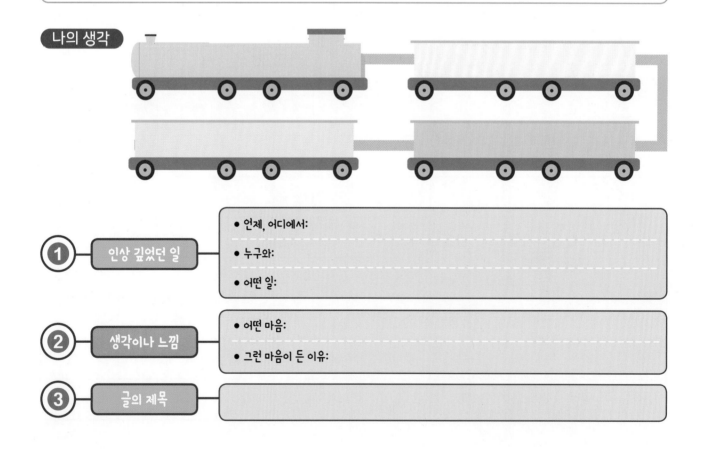

① 인상 깊었던 일
- 언제, 어디에서:
- 누구와:
- 어떤 일:

② 생각이나 느낌
- 어떤 마음:
- 그런 마음이 든 이유:

③ 글의 제목

나만의 인상 깊었던 일 쓰기

﹟ '인상 깊었던 일 쓰기'와 비유법

 비유적 표현을 활용하면, 인상 깊었던 일을 좀 더 다양하고 재미있게 표현할 수 있어요!

● 비유법

사과 같은 내 얼굴
예쁘기도 하구나
눈도 반짝 코도 반짝
입도 반짝 반짝

오이 같은 내 얼굴
길기도 하구나
눈도 길쭉 귀도 길쭉
코도 길쭉 길쭉

호박 같은 내 얼굴
우습기도 하구나
눈도 둥글 귀도 둥글
입도 둥글 둥글

쓰는 방법

위 노래는 우리가 어릴 때 한 번쯤은 불렀던 동요예요. 내 얼굴을 '사과, 오이, 호박'에 비유하고 있는데, 각 대상이 가진 모양의 특징을 잘 살려서 표현하니 재미도 있고 생동감 있게 느껴지지요? 우리도 글을 쓸 때, 이러한 비유적 표현 방법을 활용할 수 있답니다.

 글쓰기에서 활용하는 비유적 표현 방법

하나. 비슷한 성질이나 모양을 가진 두 사물을 직접 비유합니다.

 예문: 봄날이 되니 우리 집 앞 목련 나무에 하얀 목련 꽃이 피었다. 하얀 빛깔의 ❀ 을 보고 있자니 마치 🍡 들이 피어나는 것 같다.

둘. 사람이 아닌 동물이나 식물, 사물을 사람처럼 표현합니다.

 예문: 학교에서 돌아오는 길에 매일 만나는 고양이가 내게 말을 건다. 가만히 들어 보니 나랑 친구가 되고 싶단다. 🐈 도 심심하고 나도 심심하니 서로 친구가 되면 좋을 것 같단다.

셋. 속담을 활용해 전하고 싶은 말을 대신 표현합니다.

 예문: '낮말은 🐦가 듣고 밤말은 🐀가 듣는다'고 내 친구의 비밀이 결국 모두에게 알려지고 말았다. 속상한 내 친구의 마음을 위로해 주기 위해서 내가 무엇을 할 수 있을까?

★ 경험을 나타내는 글 쓰기 ★

4장

생활문
겪은일 쓰기

교과서에서 배워요

∘∘ 겪은 일이 잘 드러나게 글을 써 봅니다.
∘∘ 시간의 흐름에 따라 사건이나 행동이 드러나게 글을 씁니다.
∘∘ 겪은 일에 대한 감상이 드러나게 글을 씁니다.
∘∘ 글쓰기 과정을 생각하며 자신의 경험을 표현하는 글을 써 봅니다.

'겪은 일 쓰기'는 어떤 글일까요

　겪은 일 쓰기는 생활문의 하나로, 생활 속에서 겪은 이야기가 드러나는 글입니다. 내 주변에서 일어나는 모든 일이 글감이 되기 때문에 학교에서 친구들과의 일, 집에서 가족들과 겪은 일, 여행을 하며 겪은 일 등에 대해 쓸 수 있습니다.
　자신이 겪은 일을 쓸 때에는 언제 어디에서 누구와 어떤 일을 했는지가 드러나야 하고, 겪은 일에 대한 생각과 느낌이 들어가야 합니다. 적절한 글감을 찾은 후에는 자신이 겪은 일을 이야기하듯 자연스럽게 쓰는 것이 좋습니다. 그리고 지어낸 이야기가 아닌, 자신의 경험이 바탕이 되므로 자세하고 솔직하게 써야 합니다.

'겪은 일 쓰기'를 쉽고, 편하게 쓰려면

① 자신이 그동안 겪은 일들 중에서 기억에 남는 일들을 떠올려 봅니다.
② 기억이 잘 나지 않으면, '우리 반이 함께한 일' 또는 '가족과 함께 다녀온 여행'과 같이 생각의 범위를 좁히는 것도 하나의 방법입니다.
③ 겪은 일들은 '언제 – 어디에서 – 누구와 – 무슨 일이 있었는지'를 중심으로 간단히 정리하고, 그에 대한 자신의 생각이나 느낌도 간략히 적어 둡니다.
④ 앞에서 정리한 내용을 바탕으로, 가장 쓰고 싶은 일을 글감으로 하나 고르고 대강의 줄거리를 만들어 봅니다.

다음은 듀나가 겪은 일들을 나타내는 장면들입니다. 만화를 잘 보고, 듀나가 그 일을 겪으며 어떤 생각과 느낌이 들었을지 생각해 봅시다.

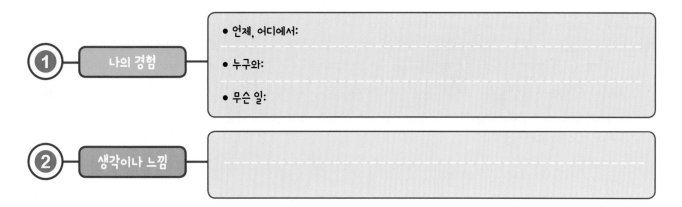

2-# 쉽고 재미있는 '겪은 일 쓰기'

듀나가 겪은 일을 정리해 보려고 합니다. 만화로 구성된 내용들을 바탕으로 듀나가 겪은 일을 언제 어디에서 누구와 어떤 일을 한 것인지 정리해 봅니다.

① 나의 경험
- 언제, 어디에서:
- 누구와:
- 무슨 일:

② 생각이나 느낌

위에서 적은 내용을 바탕으로 '겪은 일 쓰기'를 하려고 합니다. 가장 쓰고 싶은 일을 글감으로 정하고 자연스럽고 솔직하게 이야기를 쓰도록 합니다.

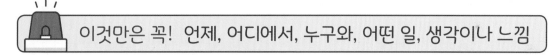

이것만은 꼭! 언제, 어디에서, 누구와, 어떤 일, 생각이나 느낌

• 가장 쓰고 싶은 일을 바탕으로 '겪은 일'에 대해 써 보았습니다.

시골에 사시는 할아버지와 할머니께서는 감나무 밭을 직접 가꾸신다. 올해도 감이 익어 수확을 해야 하는데 일손이 부족하다고 하셔서 우리 가족은 시골 할아버지 댁에 다녀왔다.

솔직히, 처음에는 아빠께서 가을 여행도 하고 감도 직접 딴다니 재미있을 것 같아서 가벼운 마음으로 출발했다. 그런데 막상 내가 직접 감을 따 보니 생각보다 쉽지 않았다. 처음 한두 개 따서 바구니에 담을 때는 별것 아니라는 생각에 즐겁게 웃으며 했지만 점점 팔이 아파 왔다. 감을 따는 중간중간에 나는 잠깐씩 쉬었는데도 나중에는 허리가 아파서 제대로 펴지지 않을 정도로 힘이 들었다.

할아버지, 할머니, 아빠, 엄마, 나까지 온 가족이 함께 시간을 보내면서 서로 이야기도 하고 할머니께서 준비해 주신 맛있는 새참도 먹으니 어느새 일이 마무리되었다.

내가 직접 해 보니 그동안 할아버지, 할머니는 얼마나 힘드셨을까 하는 마음에 한 번 더 고마움을 느끼고, 그래도 올해에는 가족 모두가 함께해서 다행이라는 생각이 들었다.

• '겪은 일'을 다음과 같이 다시 써 보았습니다.

시골에 사시는 할아버지와 할머니께서는 감나무 밭을 직접 가꾸신다. 올해도 감이 익어 수확을 해야 하는데 일손이 부족하다고 하셔서 지난 주말에 우리 가족은 시골 할아버지 댁에 다녀왔다.

솔직히, 처음에는 감을 직접 딴다니 재미있을 것 같아서 가벼운 마음으로 출발했다. 그런데 막상 내가 직접 감을 따 보니 생각보다 쉽지 않았다. 주황색으로 아주 예쁘게 잘 익은 감도 있지만, 벌레가 생겨 상한 감도 있어 내 손으로 따려니 엄두가 나질 않았다. 그리고 처음 한두 개 따서 바구니에 담을 때는 별것 아니라고 생각했지만 일을 할수록 점점 팔이 아파 왔다. 감을 따는 중간중간에 나는 잠깐씩 쉬었는데도 나중에는 허리가 아파서 제대로 펴지지 않을 정도로 힘이 들었다.

그래도 할아버지, 할머니, 아빠, 엄마, 나까지 온 가족이 함께하며 서로 이야기도 하고 할머니께서 준비해 주신 맛있는 새참도 먹으니 어느새 나무에 달린 감들이 바구니에 쏙쏙 들어가 있었다. 일을 마치고 할아버지 댁으로 돌아가는 길에 내가 딴 감으로 가득 찬 바구니를 보니 뿌듯하고 기분이 좋았다.

그동안 할아버지와 할머니께서 감나무 밭을 가꾸시고 수확해서 우리에게 보내 주셨는데, 내가 직접 해 보니 얼마나 힘드셨을까 하는 마음에 한 번 더 고마움을 느끼고 올해에는 함께해서 다행이라는 생각이 들었다.

• 위의 '겪은 일'을 '인상 깊었던 일'로 써 보았습니다.

시골에 사시는 할아버지와 할머니께서는 감나무 밭을 직접 가꾸신다. 올해에는 일손이 부족하다고 하셔서 함께하기 위해 지난 주말에 우리 가족은 시골 할아버지 댁에 다녀왔다.

온 가족이 감나무 밭으로 가서 감을 따기 시작했는데, 처음에는 주황색으로 아주 예쁘게 잘 익은 감을 한두 개 따서 바구니에 담아 보니 별것 아니라는 생각에 웃으며 했지만 점점 팔이 아파 오고 나중에는 허리도 제대로 펴지지 않을 정도로 힘이 들었다. 그래도 할아버지, 할머니, 아빠, 엄마, 나까지 온 가족이 함께하며 서로 이야기도 하고 할머니께서 준비해 주신 맛있는 새참도 먹으니 어느새 나무에 달린 감들이 바구니에 쏙쏙 들어가 있었다.

그런데 집으로 돌아가려다 보니, 감나무마다 감이 한두 개씩 달려 있어서 "할아버지, 왜 나무마다 한두 개씩 감이 달려 있어요? 깜빡하신 거예요?"라고 여쭈어 보니, "저건 까치밥이라고 하는데, 추운 겨울에 까치가 배고프면 먹으라고 남겨 놓은 거지."라고 하시며 '까치밥'에 대해 자세히 설명해 주셨다.

겨울이 되면 동네를 오고가는 새들이 혹시라도 겨울 양식이 없어 지내기가 힘들까 봐 일부러 남겨 두는 것으로, 우리 조상들의 오랜 풍습이라고 하셨다.

'까치밥'에 담긴, 새들을 배려하는 모습이 내 마음까지도 따뜻하게 해 주는 듯했다. 그래서인지 집으로 돌아가는 길에 펼쳐진 울긋불긋한 노을이 유난히 포근하게 느껴졌다.

두 개의 '겪은 일 쓰기' 중에서 마음에 드는 '겪은 일 쓰기'를 따라 써 봅시다. 맞춤법과 띄어쓰기, 원고지 쓰기 방법에 유의하며 바르게 써 봅니다.

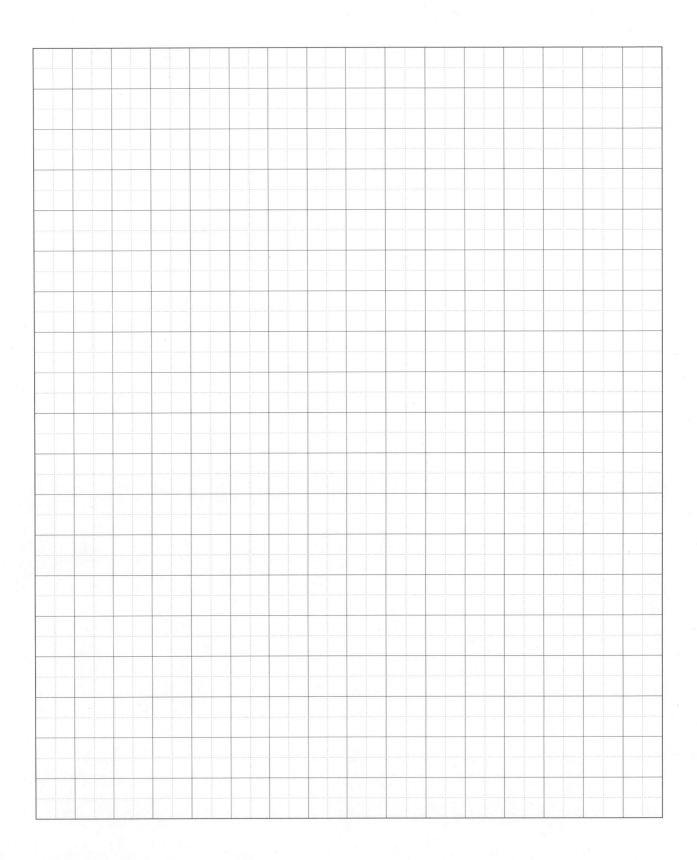

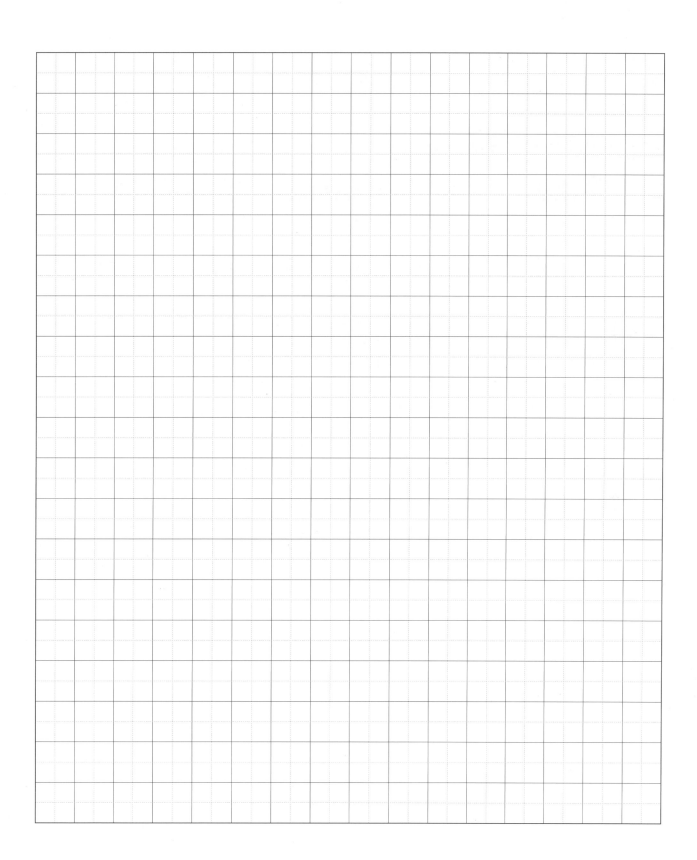

 나만의 '겪은 일'을 쓰려고 합니다. 자신이 그동안 겪은 일들을 떠올리고 정리해 봅니다. 하나의 글감을 정하고 그와 관련된 일들을 떠올려 보는 것도 좋은 방법입니다.

• 다음의 예시를 보고, 나의 생각을 정리해 봅니다.

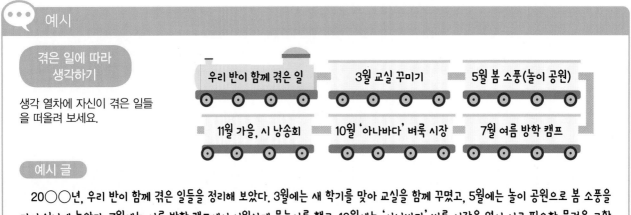

예시

겪은 일에 따라 생각하기

생각 열차에 자신이 겪은 일들을 떠올려 보세요.

우리 반이 함께 겪은 일	3월 교실 꾸미기	5월 봄 소풍(놀이 공원)
11월 가을, 시 낭송회	10월 '아나바다' 벼룩 시장	7월 여름 방학 캠프

예시 글

20○○년, 우리 반이 함께 겪은 일들을 정리해 보았다. 3월에는 새 학기를 맞아 교실을 함께 꾸몄고, 5월에는 놀이 공원으로 봄 소풍을 가서 신나게 놀았다. 7월에는 여름 방학 캠프에서 시원하게 물놀이를 했고, 10월에는 '아나바다' 벼룩 시장을 열어 서로 필요한 물건을 교환했다. 11월에는 가을을 맞아 멋진 '시 낭송회'를 진행하였다.

나의 생각

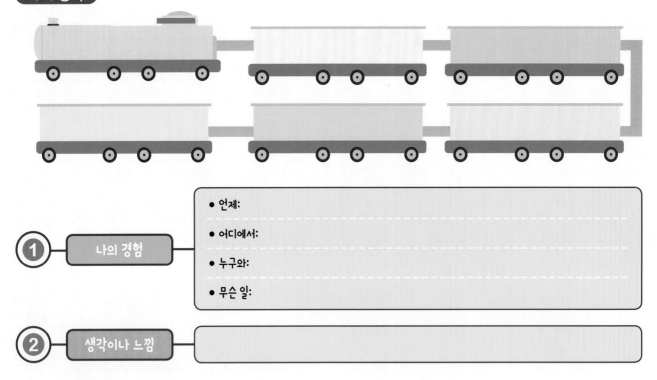

① 나의 경험

• 언제:

• 어디에서:

• 누구와:

• 무슨 일:

② 생각이나 느낌

나만의 겪은 일 쓰기

생각 지도를 활용하여 '겪은 일 쓰기'

 나만의 '겪은 일 쓰기'를 할 때, 알맞은 글감을 찾기 위해 활용할 수 있는 방법 중 하나가 바로 '생각 지도'를 만들어 보는 것입니다. 다른 글쓰기에도 활용할 수 있으니 꼭 기억해 두세요.

- '생각 지도'

  하나의 중심 생각을 정하고 그것과 관련된 것들을 자유롭게 떠올리며 마음껏 적어 나가면 돼요. 글감이 떠오르지 않아 글쓰기가 어려울 때 쉽게 사용할 수 있는 방법이에요. 일단 생각나는 대로 써 넣고 난 후 나중에 중심 생각에 알맞은 글감을 하나 고르면 돼요. 생각나는 대로 숭숭 써 봐요!!

'생각 지도' 만들기 예시

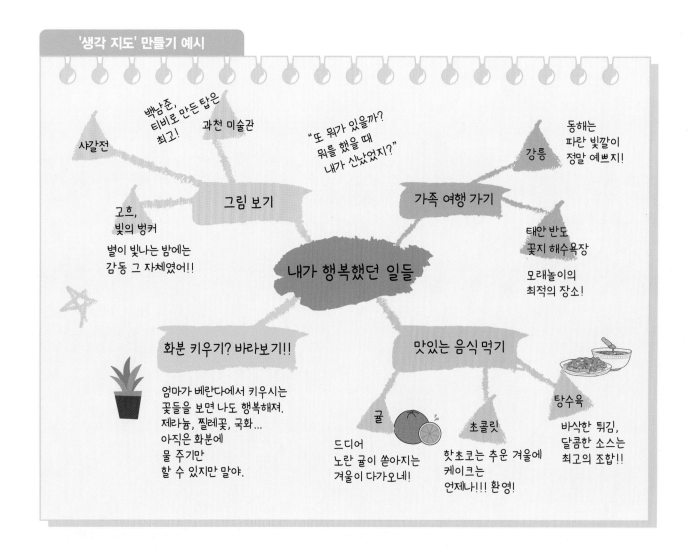

5장 기행문 쓰기

교과서에서 배워요

◦ 보고, 듣고, 느낀 것에 대한 감상이 드러나게 글을 씁니다.
◦ 겪은 일이 잘 드러나게 글을 써 봅니다.

'기행문'은 어떤 글일까요

기행문은 여행 중에 보고, 듣고, 느낀 것과 그에 대한 감상을 여행 장소 및 일정에 따라 적은 글로, 친구에게 여행지를 알리거나 여행지에서 느낀 감상을 오래 기억하기 위해 씁니다. 기행문을 쓰게 되면 여행하면서 보고 들은 것을 나중에 알 수 있고, 여행했을 때의 기분을 잘 간직할 수 있습니다.

'기행문'을 쉽고, 편하게 쓰려면

① 기행문은 자신이 여행하면서 보고 듣고 느낀 점을 글로 쓰는 것이므로 자신이 가 본 곳 중에서 가장 기억에 남는 곳들을 우선 떠올려 봅니다.
② 떠올린 장소들 중에서 한 곳을 정했으면 기행문의 짜임에 맞게 내용을 간략하게 정리합니다. 이때 '기행문을 쓰는 목적 – 그 장소를 고른 까닭 – 읽을 사람 – 필요한 자료(사진, 입장권 등)'를 바탕으로 내용을 마련하는 것이 좋습니다.
③ 기행문은 여행의 목적, 시간과 장소가 잘 드러나야 하고, 읽을 사람을 예상해 그에 맞는 표현을 써야 합니다. 사진이나 그림 또는 입장권 등을 알맞게 넣는 것도 중요합니다.

1-# '기행문 쓰기' 활동 시작

 다음은 듀나의 여행을 나타내는 장면들입니다. 만화를 잘 보고, 듀나가 여행을 가서 어떤 것을 보고 듣고 느꼈을지를 생각해 보며 함께 살펴봅시다.

노크노크 2-# 쉽고 재미있는 '기행문 쓰기'

만화의 내용을 바탕으로 듀나의 여행을 정리해 보려고 합니다. 기행문의 짜임에 맞게 여행 장소 및 일정에 따라 보고, 듣고, 느낀 것과 감상을 중심으로 정리해 봅니다.

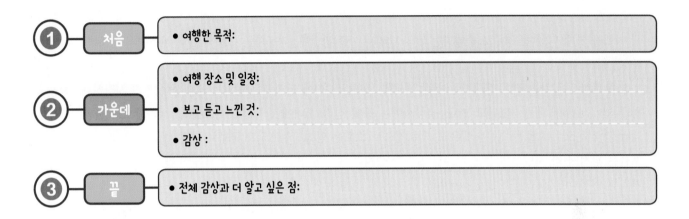

① 처음
- 여행한 목적:

② 가운데
- 여행 장소 및 일정:
- 보고 듣고 느낀 것:
- 감상 :

③ 끝
- 전체 감상과 더 알고 싶은 점:

위에서 적은 내용을 바탕으로 '기행문'을 쓰려고 합니다. 가장 기억에 남는 일을 글감으로 정하고 자연스럽고 솔직하게 이야기를 쓰도록 합니다.

이것만은 꼭! 여행의 목적, 여행 장소 및 일정, 보고 듣고 느낀 것, 감상

• 가장 기억에 남는 여행을 바탕으로 기행문을 써 보았습니다.

나는 평소 우리나라의 역사에 대해 관심이 많았다. 삼국 시대 중에서도 신라 시대의 이야기가 가장 흥미로웠다. 부모님께 말씀드렸더니 경주에는 신라 시대의 유물과 유적이 많으니 직접 가 보자고 하셨다.

경주 토함산에 자리 잡은 불국사는 신라 경덕왕 10년(751년)에 당시 재상이었던 김대성이 짓기 시작하여, 혜공왕 10년(774년)에 완성하였다고 한다. 불국사 안에는 통일 신라 시대에 만들어진 다보탑과, 석가탑으로 불리는 3층 석탑, 자하문으로 오르는 청운·백운교, 극락전으로 오르는 연화·칠보교가 국보로 지정되어 있다.

특히 청운교와 백운교는 돌 하나하나를 다듬고 일정한 크기와 간격으로 쌓아 올린 돌다리인데, 그 정교함과 아름다움에 감탄이 절로 나왔다. 그리고 불국사 안으로 들어가면 파란 하늘을 찌르는 듯이 서 있는 두 개의 탑이 바로 보이는데, 단단한 돌을 마치 찰흙처럼 만지고 주물렀던 신라인들의 멋진 솜씨를 느낄 수 있었다.

신라인들이 돌을 다듬은 솜씨와 정교한 기술을 직접 보니 놀라움을 넘어 감동이었다. 그 오래전에 어떻게 이런 일들이 가능했는지에 대해서 좀 더 알고 싶어졌다.

• '기행문'을 다음과 같이 써 보았습니다.

나는 평소 우리나라의 역사에 대해 관심이 많았다. 삼국 시대 중에서도 신라 시대의 이야기가 가장 흥미로웠다. 부모님께 말씀드렸더니 경주에는 신라 시대의 유물과 유적이 많이 남아 있으니 직접 가서 보고 느껴 보자고 하셔서 여행을 가게 되었다. 경주로 출발하는 날의 날씨는 아주 맑았다. 자동차를 이용해 가니 서울에서 경주까지는 약 4시간 정도 걸렸다.

경주 토함산에 자리 잡은 불국사는 신라 경덕왕 10년(751년)에 당시 재상이었던 김대성이 짓기 시작하여, 혜공왕 10년(774년)에 완성하였다고 한다. 불국사에는 통일 신라 시대에 만들어진 다보탑과, 석가탑으로 불리는 3층 석탑, 자하문으로 오르는 청운·백운교, 극락전으로 오르는 연화·칠보교가 국보로 지정, 보존되어 있다. 이 문화재들은 당시 신라 사람들의 돌을 다루던 훌륭한 솜씨와 당시의 찬란했던 불교 문화를 느낄 수 있게 한다. 이러한 가치를 인정받아 1995년 12월에 석굴암과 함께 세계 문화 유산으로 뽑혔다. 특히 청운교와 백운교는 돌 하나하나를 다듬고 일정한 크기와 간격으로 쌓아 올린 돌다리인데, 그 오래전에 이런 기술이 있었다는 점이 놀라웠다. 더군다나 그 정교함과 아름다움은 실로 감탄할 만했다. 불국사 안으로 들어가면 파란 하늘을 찌르는 듯이 서 있는 두 개의 탑이 바로 보이는데, 단단한 돌을 마치 찰흙처럼 만지고 주물렀던 신라인들의 멋진 솜씨를 느낄 수 있었다.

신라인들이 돌을 다듬은 솜씨와 정교한 기술을 직접 보니 놀라움을 넘어 감동이었다. 더군다나 세계 문화 유산으로 뽑혔다고 하니 뿌듯함마저 느껴졌다. 그리고 그 오래전에 어떻게 이런 것이 가능했는지에 대해서 더 알고 싶어졌다.

• 위의 '기행문'을 '겪은 일 쓰기'로 바꾸어 써 보았습니다.

나는 평소 우리나라의 역사에 대해 관심이 많았다. 삼국 시대 중에서도 신라 시대의 이야기가 가장 흥미로웠는데, 경주의 불국사에 가서 신라 시대의 유물과 유적을 보게 되었다.

경주 토함산에 자리 잡은 불국사는 신라 경덕왕 10년(751년)에 당시 재상이었던 김대성이 짓기 시작하여, 혜공왕 10년(774년)에 완성하였다고 한다. 이후 조선 시대 왜군의 침입으로 대부분의 건물이 불타 버렸으나, 1969년~1973년에 걸친 발굴 조사 뒤 복원을 하여 현재의 모습을 갖추게 되었다. 불국사에는 통일 신라 시대에 만들어진 다보탑과, 석가탑으로 불리는 3층 석탑, 자하문으로 오르는 청운·백운교, 극락전으로 오르는 연화·칠보교가 국보로 지정, 보존되어 있다. 특히 청운교와 백운교는 돌 하나하나를 다듬고 일정한 크기와 간격으로 쌓아 올린 돌다리인데, 그 오래전에 이런 기술이 있었다는 점이 놀라웠다. 더군다나 그 정교함과 아름다움은 실로 감탄할 만했다. 불국사 안으로 들어가면 다보탑과 석가탑이 바로 보이는데 역시 웅장함과 아름다움이 함께 느껴졌다. 이 문화재들은 당시 신라 사람들의 돌을 다루는 훌륭한 솜씨와 당시의 찬란했던 불교 문화를 느낄 수 있게 해 준다. 이러한 가치를 인정받아 1995년 12월에 석굴암과 함께 세계 문화 유산으로 뽑혔다고 하니 뿌듯함마저 느껴졌다.

내 눈으로 직접 문화 유산들을 보면서 단단한 돌을 마치 찰흙처럼 만지고 주물렀던 신라인들의 멋진 솜씨를 느껴 본 것은 생각보다 훨씬 더 감동적이었다.

두 개의 '기행문' 중에서 마음에 드는 기행문을 따라 써 봅시다. 맞춤법과 띄어쓰기, 원고지 쓰기 방법에 유의하며 바르게 써 봅니다.

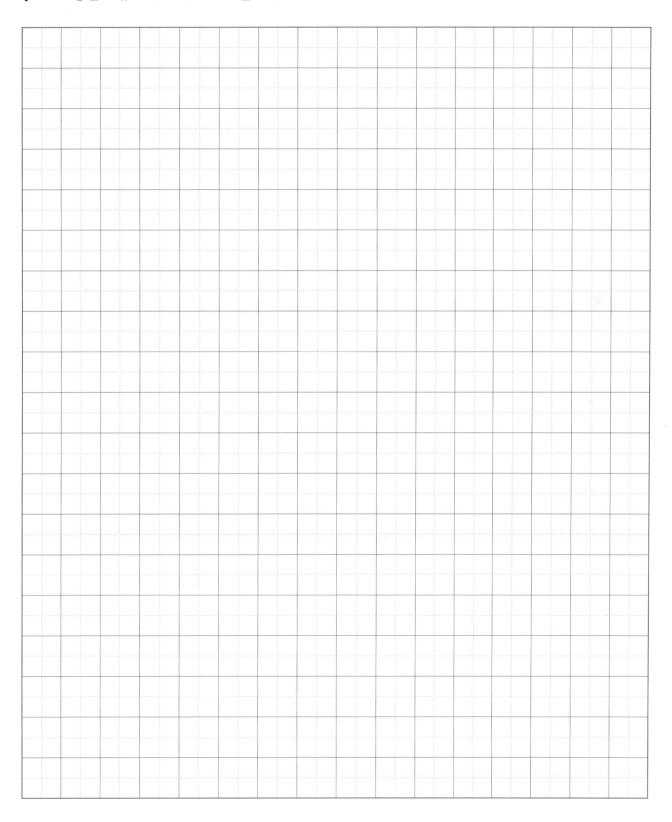

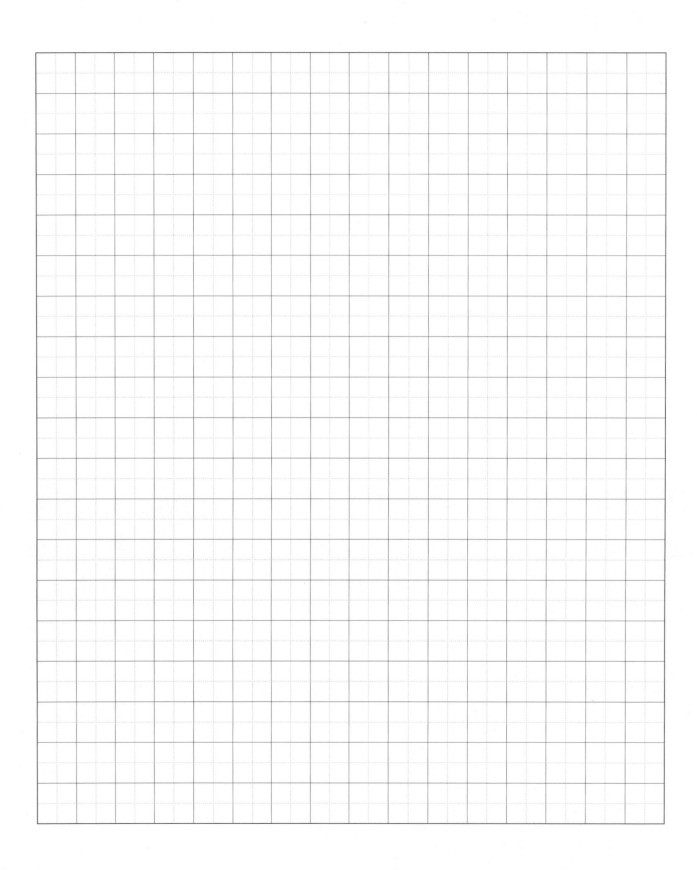

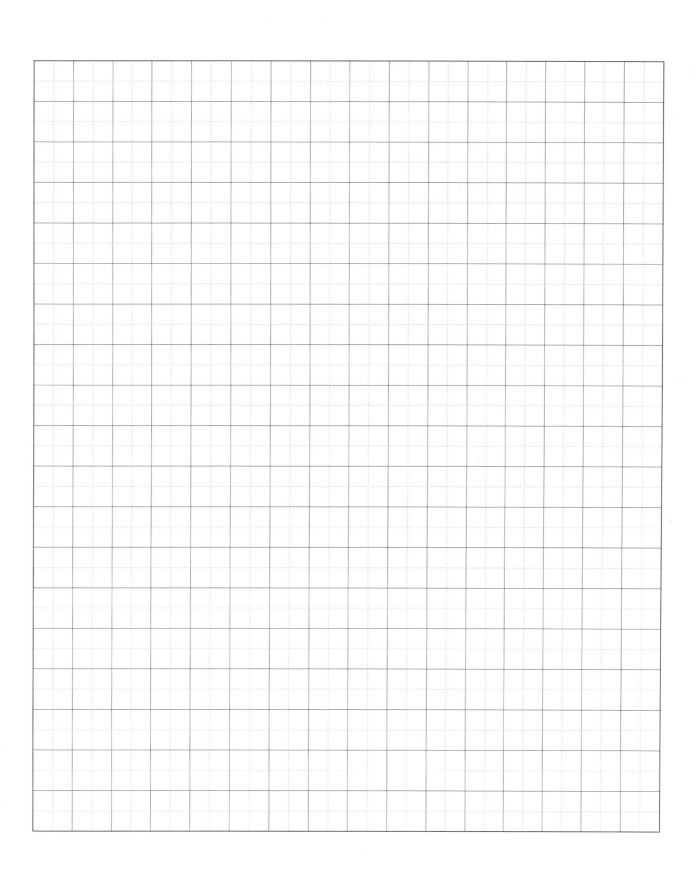

4-# 쉽고 재미있는 나만의 '기행문 쓰기'

 나만의 '기행문'을 쓰려고 합니다. 지금까지 여행한 곳을 떠올려 보고, 가장 기억에 남는 곳을 정한 후에, 쓸 내용을 마련합니다.

• 다음의 예시를 보고, 나의 생각을 정리해 봅니다.

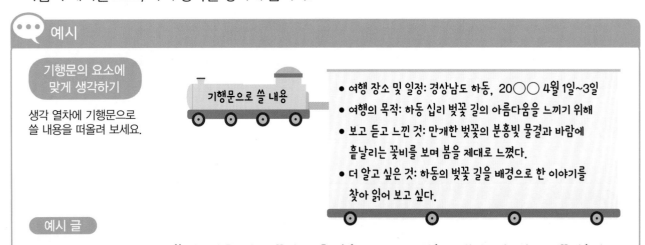

예시

기행문의 요소에 맞게 생각하기

생각 열차에 기행문으로 쓸 내용을 떠올려 보세요.

기행문으로 쓸 내용

• 여행 장소 및 일정: 경상남도 하동, 20○○ 4월 1일~3일
• 여행의 목적: 하동 십리 벚꽃 길의 아름다움을 느끼기 위해
• 보고 듣고 느낀 것: 만개한 벚꽃의 분홍빛 물결과 바람에 흩날리는 꽃비를 보며 봄을 제대로 느꼈다.
• 더 알고 싶은 것: 하동의 벚꽃 길을 배경으로 한 이야기를 찾아 읽어 보고 싶다.

예시 글

경상남도 하동으로 20○○ 4월 1일~3일 동안 십리 벚꽃 길의 아름다움을 느끼기 위해 여행을 다녀왔다. 끝없이 펼쳐진 벚꽃 길을 걸으면서 활짝 핀 벚꽃의 분홍빛 물결을 보고 바람에 흩날리는 꽃비를 맞으며 봄을 제대로 느꼈다. 이 길을 배경으로 한 문학 작품이 많다는 안내 표지판을 보았는데 찾아서 꼭 읽어 보고 싶다.

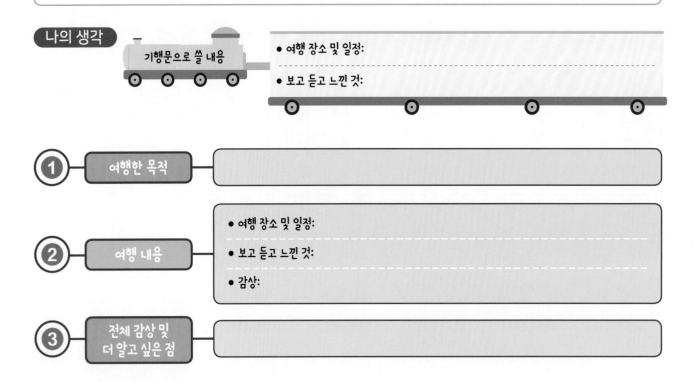

나의 생각

기행문으로 쓸 내용

• 여행 장소 및 일정:
• 보고 듣고 느낀 것:

① 여행한 목적

② 여행 내용
• 여행 장소 및 일정:
• 보고 듣고 느낀 것:
• 감상:

③ 전체 감상 및 더 알고 싶은 점

 **# '기행문 쓰기' 자세히 살펴보기**

 기행문의 전체 짜임을 알면 글쓰기가 쉬워져요!

① **처음**
여행한 까닭이나 목적을 써요.
➡️ ➕ 여행을 떠나기 전의 기분, 떠나는 날의 날씨 및 교통편, 가는 데 걸린 시간이나 여행 일정 등을 더 쓸 수도 있어요.

② **가운데**
여행하면서 다닌 곳, 보고 들은 것, 생각하거나 느낀 점을 써요.
➡️ ➕ 인상 깊은 경험이나 이야기, 이동하면서 겪은 일이나 느낌, 새롭게 알게 된 사실, 출발 전에 조사한 여행지 자료 등을 더 쓸 수도 있어요.

③ **끝**
여행에 대한 전체적인 감상을 써요.
➡️ ➕ 여행한 뒤의 다짐이나 반성, 여행하며 느낀 만족감, 아쉬운 점 또는 바라는 점, 여행 후 달라진 생각 등을 더 쓸 수도 있어요.

 기행문을 쓸 때 필요한 자료는 미리미리 정리해 놓아요!

 여행하면서 찍은 사진이나 입장권, 매표소 앞에 놓아 둔 팸플릿(설명이나 광고, 선전 따위를 위하여 만든 작은 책자) 등을 잘 간직해 두면 나중에 기행문을 좀 더 짜임새 있게 쓸 수 있어요.

 여행지에서 관련 자료들을 받을 때마다 그때 들은 내용과 자신이 느낀 점 등을 간략하게 글로 남겨 놓으면 시간이 지나도 여행을 잘 기억할 수 있고 기행문을 좀 더 생생하게 쓸 수 있어요.

III.
생각을 정리하는 글 쓰기

6장 요약하는 글 쓰기 ················· 61

7장 독서 감상문 쓰기 ················· 71

8장 설명하는 글 쓰기 ················· 81

9장 제안하는 글 쓰기 ················· 91

10장 발표문 쓰기 ························· 101

11장 주장하는 글 쓰기 ················ 111

6장 요약하는 글 쓰기

교과서에서 배워요

◦• 문단과 글의 중심 생각을 파악합니다.
◦• 글의 유형을 고려하여 대강의 내용을 간추립니다.
◦• 글의 흐름을 생각하며 내용을 간추릴 수 있습니다.
◦• 글의 짜임을 고려하여 글 전체의 내용을 요약합니다.

'요약하는 글'은 어떤 글일까요

　글을 읽고 중요한 내용만 알기 쉽게 간추려 요약하려면 글쓴이가 글 전체에서 말하고 싶은 생각이 무엇인지 '중심 생각'을 파악해야 합니다. 글의 중심 생각을 알게 되면 각 문단에서 중심 문장을 찾는 데 도움이 됩니다. 한 편의 글은 여러 개의 문단으로, 각 문단은 중심 문장과 뒷받침 문장으로 이루어져 있습니다. 각 문단에서 중심 문장을 찾고 그것들을 중심 생각이 잘 드러나게 간추리면 요약하는 글을 쓸 수 있습니다.

'요약하는 글'을 쉽고, 편하게 쓰려면

① 글의 제목 등을 고려해 무엇을 쓴 글일지 생각해 보고 중심 생각을 파악합니다.
② 각 문단마다 중요하지 않은 내용은 지우고, 중심 내용을 정리하면서 중심 문장을 찾고 밑줄을 그어 봅니다.
③ 글에서 대상을 설명하는 방법이나 글의 짜임을 파악하면 요약하는 데 도움이 됩니다.
④ 글의 내용을 '처음 – 가운데 – 끝'으로 나누고, 각 문단의 중심 문장을 적고, 이를 중심 생각이 잘 드러나게 간추리면 요약하는 글이 완성됩니다.

 **1-# '요약하는 글 쓰기' 활동 시작**

 다음은 듀나가 한 편의 글을 읽고 간단하게 정리한 장면들입니다. 그림을 잘 보고, 듀나가 요약하는 글을 쓸 때, 어떤 방법을 활용했을지 생각해 봅시다.

〈안전한 과학 실험을 위해서〉

어린이들은 과학 실험을 하면서 호기심이 생기고 평소의 궁금증을 해결합니다. 또 실험을 하면서 탐구 능력을 키우기도 합니다. 하지만 안전사고가 발생하는 경우도 있으므로 안전 수칙을 확인하고 실천하는 것이 필요합니다.

첫째, 선생님께서 계시지 않을 때는 과학 실험을 하지 않습니다. 과학실에는 조심히 다루어야 할 실험 기구와 위험한 화학 약품이 많아 선생님의 말씀에 따라 이것들을 다뤄야 사고를 예방할 수 있습니다.

둘째, 과학실에서는 절대 장난을 치면 안 됩니다. 과학실에는 깨지기 쉽거나 위험한 실험 기구가 많아서 장난을 치다가 사람이 다칠 수 있으므로 진지한 자세로 임해야 합니다.

셋째, 실험할 때 책상에 바짝 다가가지 않습니다. 만약 실험실에서 위험한 사고가 일어났을 경우 가까이에 있다가 다칠 수가 있기 때문에 실험 기구와 어느 정도 거리를 유지하는 것이 안전합니다.

과학 실험을 할 때에는 무엇보다 안전이 중요합니다. 따라서 과학 실험 안전 수칙을 항상 기억하고 실천해 안전하게 실험을 할 수 있도록 노력해야 합니다.

〈과학실 안전 수칙〉

하나, 과학 실험은 선생님이 계실 때에만!

둘, 과학실에서 장난은 절대 금지!

셋, 책상과 나의 안전 거리 유지!

- 우리 모두 기억하고 실천합시다.

간단하게 요약하니 중요 내용이 알기 쉽게 눈에 쏙쏙 들어오네!

듀나가 한 편의 글을 읽고 요약하는 글을 쓰려고 합니다. 만화로 구성된 내용을 바탕으로 각 단계에 따라 중심 내용이 잘 드러나게 요약해 봅니다.

① 문단별 중심 문장 찾기

- 1문단:
- 2문단:
- 3문단:
- 4문단:
- 5문단:

② 글의 짜임에 알맞게 정리하기

①을 바탕으로 '처음-중간-끝'에 해당하는 문단을 찾아 써 봅니다.

- 처음:
- 중간:
- 끝:

③ 내용 간추리기

위에서 적은 내용을 바탕으로 '요약하는 글'을 쓰려고 합니다. 글의 전체 중심 생각이 잘 드러나도록 간추려 쓰도록 합니다.

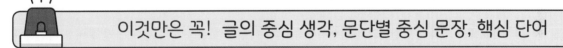

이것만은 꼭! 글의 중심 생각, 문단별 중심 문장, 핵심 단어

- 글의 제목을 보고 무엇에 대해 쓴 글인지 생각하며 '요약하는 글'을 써 보았습니다.

〈안전한 과학 실험을 위해서〉

　어린이들은 과학 실험을 하면 좋은 점도 있지만 안전사고가 발생하는 경우도 있으므로 안전 수칙을 확인하고 실천하는 것이 필요합니다.

　첫째, 선생님께서 계시지 않을 때는 과학 실험을 하지 않습니다. 과학실에는 조심히 다루어야 할 실험 기구와 위험한 화학 약품이 많기 때문입니다. 둘째, 과학실에서는 절대 장난을 치면 안 됩니다. 과학실에는 깨지기 쉽거나 위험한 실험 기구가 많으므로 진지한 자세로 임해야 합니다. 셋째, 실험할 때 책상에 바짝 다가가지 않습니다. 가까이에 있다가 다칠 수가 있기 때문에 실험 기구와 어느 정도 거리를 유지하는 것이 안전합니다.

　과학 실험을 할 때에는 과학 실험 안전 수칙을 항상 기억하고 실천해 안전하게 실험을 할 수 있도록 노력해야 합니다.

● '요약하는 글'을 다음과 같이 다시 써 보았습니다.

〈우리가 지켜야 할 과학실 안전 수칙〉

　어린이들은 과학 실험을 하면서 호기심이 생기고 평소의 궁금증을 해결하는 좋은 점도 있지만 안전사고도 발생하므로 안전 수칙을 확인하고 실천해야 합니다.

　• 규칙 하나, 선생님께서 계시지 않을 때는 과학 실험을 하지 않습니다. 과학실에는 조심히 다루어야 할 실험 기구와 위험한 화학 약품이 많아 선생님의 말씀을 따라야 합니다.

　• 규칙 둘, 과학실에서는 절대 장난을 치면 안 됩니다. 과학실에는 깨지기 쉽거나 위험한 실험 기구가 많으므로 진지한 자세로 임하도록 합니다.

　• 규칙 셋, 실험할 때 책상에 바짝 다가가지 않습니다. 만약 위험한 사고가 일어나면 다칠 수가 있기 때문에 실험 기구와 어느 정도 거리를 유지하도록 합니다.

　과학 실험을 할 때에는 안전이 가장 중요하므로 과학 실험 안전 수칙을 항상 기억하고 실천하도록 노력해야 합니다.

● 위의 '요약하는 글'을 '제안하는 글'로 써 보았습니다.

〈과학실 안전 수칙을 지킵시다〉

　며칠 전 우리 학교에서 과학실 안전사고가 발생하였습니다. 다행히 실험을 하기 전에 안전 장비를 마련해 두었고 과학 선생님과 친구들의 빠른 대응으로 큰 사고가 발생하지는 않았습니다. 하지만 언제든지 다시 일어날 수 있는 일이기에 위험 발생을 예방하기 위해서 우리가 지켜야 할 '과학실 안전 수칙'을 제안합니다.

　어린이들은 과학 실험을 하면서 호기심이 생기고 평소의 궁금증을 해결하는 좋은 점도 있지만 안전사고도 발생하므로 안전 수칙을 확인하고 실천하도록 합시다. 대표적인 안전 수칙은 다음과 같은 세 가지입니다.

　하나, 선생님께서 계시지 않을 때는 과학 실험을 하지 않습니다. 과학실에는 조심히 다루어야 할 실험 기구와 위험한 화학 약품이 많으므로 반드시 선생님의 말씀을 따라야 합니다.

　둘, 과학실에서는 절대 장난을 치지 맙시다. 과학실에는 깨지기 쉽거나 위험한 실험 기구가 많으므로 진지한 자세로 임하도록 합니다.

　셋, 실험할 때 책상에 바짝 다가가지 맙시다. 만약 위험한 사고가 일어나면 다칠 수가 있기 때문에 실험 기구와 어느 정도 거리를 유지하도록 합니다.

　과학 실험을 할 때에는 안전이 가장 중요하므로 과학 실험 안전 수칙을 항상 기억하고 실천할 수 있도록 노력합시다. 우리가 안전 수칙을 지키며 과학 실험을 한다면 안전하면서도 재미있는 실험을 할 수 있습니다.

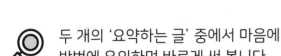

두 개의 '요약하는 글' 중에서 마음에 드는 글을 따라 써 봅시다. 맞춤법과 띄어쓰기, 원고지 쓰기 방법에 유의하며 바르게 써 봅니다.

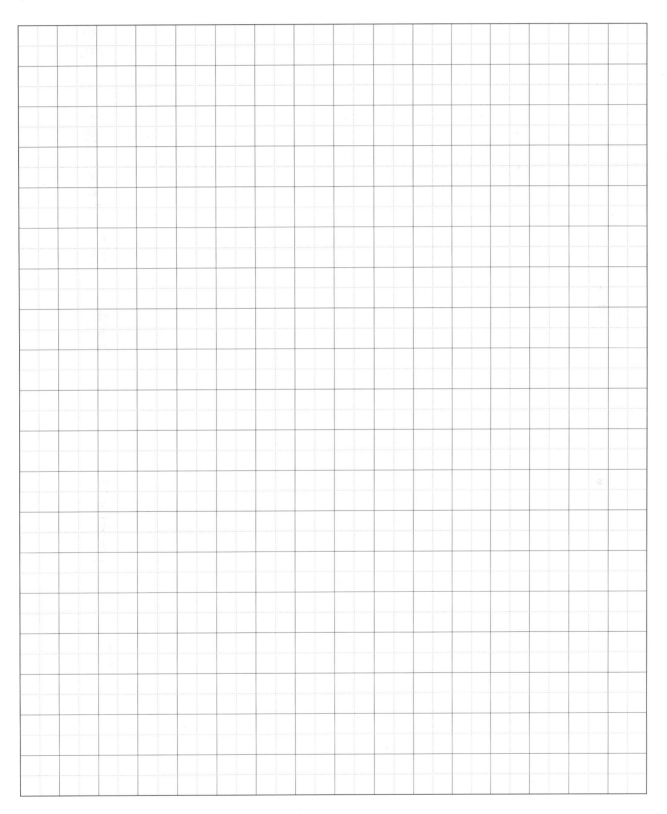

 나만의 '요약하는 글'을 쓰려고 합니다. 자신이 그동안 읽었던 글들을 찾아보고 하나를 골라 요약해 봅니다. 이때 글의 제목을 보고 어떤 글일지 생각하거나 글의 짜임을 파악해 봅니다.

• 다음의 예시를 보고, 나의 생각을 정리해 봅니다.

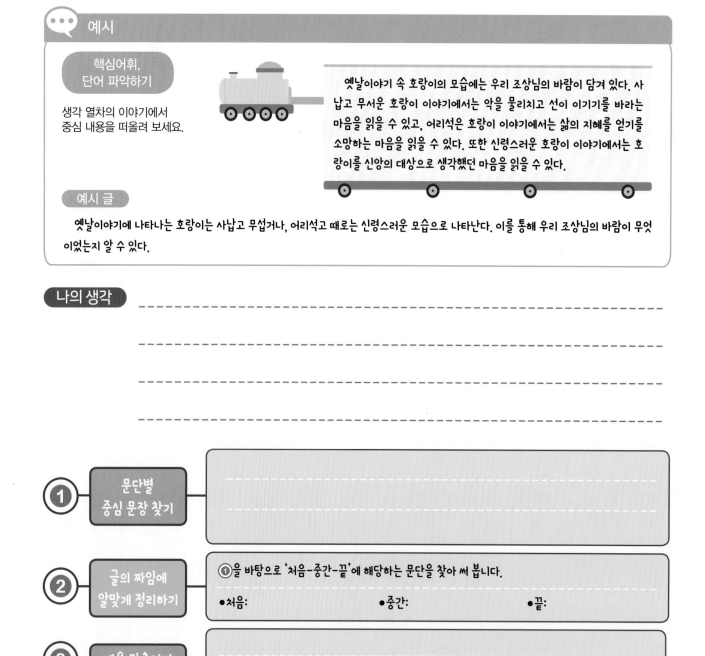

예시

핵심어휘, 단어 파악하기

생각 열차의 이야기에서 중심 내용을 떠올려 보세요.

옛날이야기 속 호랑이의 모습에는 우리 조상님의 바람이 담겨 있다. 사납고 무서운 호랑이 이야기에서는 악을 물리치고 선이 이기기를 바라는 마음을 읽을 수 있고, 어리석은 호랑이 이야기에서는 삶의 지혜를 얻기를 소망하는 마음을 읽을 수 있다. 또한 신령스러운 호랑이 이야기에서는 호랑이를 신앙의 대상으로 생각했던 마음을 읽을 수 있다.

예시 글

옛날이야기에 나타나는 호랑이는 사납고 무섭거나, 어리석고 때로는 신령스러운 모습으로 나타난다. 이를 통해 우리 조상님의 바람이 무엇이었는지 알 수 있다.

나의 생각

_____
_____
_____
_____

① **문단별 중심 문장 찾기**
_____
_____

② **글의 짜임에 알맞게 정리하기**

①을 바탕으로 '처음-중간-끝'에 해당하는 문단을 찾아 써 봅니다.
• 처음: • 중간: • 끝:

③ **내용 간추리기**
_____

 어떤 글을 읽은 후에 중심 생각이 잘 드러나고 알기 쉽게 요약하면 어떤 형식이라도 '요약하는 글'이 될 수 있답니다. 같은 글을 다른 방식으로 요약하는 방법을 살펴보고 자신의 글쓰기에 활용해 봅시다.

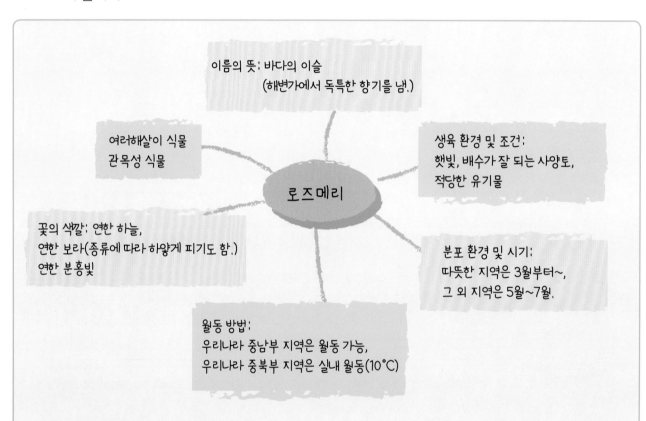

이름의 뜻: 바다의 이슬
(해변가에서 독특한 향기를 냄.)

여러해살이 식물
관목성 식물

생육 환경 및 조건:
햇빛, 배수가 잘 되는 사양토,
적당한 유기물

로즈메리

꽃의 색깔: 연한 하늘,
연한 보라(종류에 따라 하얗게 피기도 함.)
연한 분홍빛

분포 환경 및 시기:
따뜻한 지역은 3월부터~,
그 외 지역은 5월~7월.

월동 방법:
우리나라 중남부 지역은 월동 가능,
우리나라 중북부 지역은 실내 월동(10℃)

로즈메리(Rosemary)는 '바다의 이슬'이라는 뜻으로, 자생지의 해변가에서 독특한 향기를 발하는 의미에서 그 이름이 연유되었다.

로즈메리는 꿀풀과에 속하는 다년생(여러해살이) 식물로, 자생지에서는 식물의 크기가 2m까지 자라는 관목(키가 작고 원줄기와 가지의 구별이 분명하지 않으며 밑동에서 가지를 많이 치는 나무)으로 일반적인 크기는 50~150cm 정도이다.

보통 따뜻한 지역에서는 3월부터, 그 외에는 5월~7월에 걸쳐 연한 하늘색 또는 연한 보라색, 연한 분홍빛의 꽃이 피는데, 종류에 따라서 하얗게 피는 것도 있다.

햇빛이 잘 들고 배수(물 빼기)가 잘 되는 사양토(20% 이하의 점토, 모래 52% 이상, 미사 50% 이하, 점토 7% 이하 범위에 있는 토양)에서 생육이 잘 되며 유기물이 적당하면 좋다. 우리나라 중남부 지역에서 월동이 가능하며 중북부 지역은 화분에 심어 실내에서 월동시키는 것이 좋다. 실내 월동은 10℃ 정도 온도면 적당하며 비교적 건조하게 관리하는 것이 바람직하다.

- 출처: 경기도농업기술원

7장 독서 감상문 쓰기

교과서에서 배워요

∘ 글을 읽고 인물의 마음을 짐작해 자신의 생각을 써 봅니다.
∘ 책을 읽고 자신의 생각이나 느낌이 잘 나타나도록 글을 써 봅니다.

'독서 감상문'은 어떤 글일까요

독서 감상문은 책을 읽고 나서 새롭게 알게 된 사실이나 가장 기억에 남는 장면, 또는 마음속에 남은 생각 등을 적은 글입니다. 독서 감상문에는 책을 읽은 뒤에 책을 읽게 된 까닭, 책의 간략한 내용, 인상 깊은 부분, 책을 읽은 뒤의 생각이나 느낌, 다른 사람에게 추천하고 싶은 까닭 등을 씁니다. 독서 감상문을 쓸 때에는 책의 모든 내용이나 사건을 다 쓰는 것이 아니라, 중요한 내용이나 사건을 중심으로 쓰도록 합니다. 그리고 일어난 일, 인물의 행동, 인물의 마음 등에서 자신이 인상 깊게 느끼거나 감동받은 이유도 함께 씁니다.

'독서 감상문'을 쉽고, 편하게 쓰려면

① 독서 감상문을 쓸 책을 고릅니다. 이때 자신이 책을 읽으면서 다양한 생각을 했거나 새로 알게 된 내용이 많은 책을 고르는 것도 하나의 방법입니다.
② 책을 골랐다면 책의 내용을 정리합니다. 책을 읽으면서 가장 기억에 남거나 인상 깊었던 부분을 떠올리고, 자신의 생각이나 느낌을 나타낼 수 있는 부분을 간략하게 쓰도록 합니다.
③ 자신의 생각이나 느낌을 정리합니다. 책을 읽으면서 새롭게 알게 되거나 깨달은 점, 책을 읽고 느낀 점을 씁니다. 독서 감상문을 완성하고 나면 그에 알맞은 제목을 붙이도록 합니다.

1-# '독서 감상문 쓰기' 활동 시작

 다음은 듀나가 '독서 감상문'을 쓰는 과정을 담은 장면들입니다. 만화를 잘 보고, 듀나가 한 편의 독서 감상문을 쓸 때, 어떤 과정을 거치는지 생각해 봅시다.

듀나가 '독서 감상문'을 쓰기 위해 내용을 마련하려고 합니다. 만화의 내용을 바탕으로 독서 감상문의 구성 요소에 맞게 쓸 내용을 정리해 봅니다.

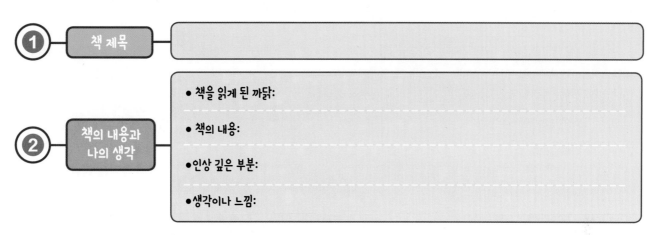

1 ── 책 제목 ──

2 ── 책의 내용과 나의 생각 ──
- 책을 읽게 된 까닭:
- 책의 내용:
- 인상 깊은 부분:
- 생각이나 느낌:

위에서 적은 내용을 바탕으로 '독서 감상문'을 쓰려고 합니다. 가장 쓰고 싶은 책을 한 권 고르고 책의 내용과 자신의 생각을 바탕으로 쓰도록 합니다.

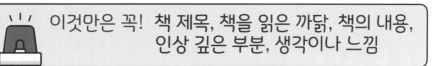

이것만은 꼭! 책 제목, 책을 읽은 까닭, 책의 내용, 인상 깊은 부분, 생각이나 느낌

- 책의 내용과 자신의 생각이나 느낌을 바탕으로 '독서 감상문'을 써 보았습니다.

"바우키스와 필레몬"을 읽고

　텔레비전 여행 프로그램에서 '바우키스와 필레몬'에 대한 신화가 잠깐 소개되었는데 내용이 흥미로워서 더 알고 싶어졌다. 다행히 도서관의 그리스·로마 신화 분야에서 이 책을 찾을 수 있었다.

　바우키스와 그녀의 남편인 착한 농부 필레몬은 나그네로 변신하여 인간 세상을 여행하는 제우스와 헤르메스를 반갑게 맞아 주고 정성스럽게 대접한 유일한 사람들이다. 이 둘의 마음을 느낀 제우스는 매정한 인간들을 홍수로 벌할 때 두 사람은 홍수를 피하게 해 주었다.

　가난한 바우키스와 필레몬이 손님들에게 대접한 음식은 지극히 소박했다. 얼마 남지 않은 포도주를 모두 그들에게 권하고, 더 이상 포도주가 없을 줄 알았는데 항아리에는 계속해서 포도주가 가득 담겨 있었다. 이를 보고 깜짝 놀란 노부부는 자신들이 대접한 손님들이 신이었음을 알게 되었다. 이런 물건이 신화 속에서나마 존재한다는 것이 놀랍고 신기했다.

　이렇게 어떤 물건을 넣으면 계속해서 가득 채워지는 '화수분' 같은 항아리가 정말로 있다면 불우이웃을 위해 유용하게 쓸 수 있어 참 좋겠다는 생각을 했다.

• '독서 감상문'을 다음과 같이 다시 써 보았습니다.

따뜻함이 솟아나는 화수분

어느 날, 텔레비전 여행 프로그램에서 외국의 어느 언덕 위에 보리수와 참나무가 한 그루씩 서 있고 낮은 담이 있는 장소에 대해 설명하면서 '바우키스와 필레몬'에 대한 신화를 잠깐 소개했다. 그런데 그 내용이 흥미로워서 더 알고 싶어졌고, 다행히 도서관의 '그리스·로마 신화' 분야에서 이 책을 찾을 수 있었다.

바우키스와 그녀의 남편인 착한 농부 필레몬은 나그네로 변신하여 인간 세상을 여행하는 제우스와 헤르메스를 반갑게 맞아 주고 정성스럽게 대접한 유일한 사람들이다. 이 둘의 진심을 느낀 제우스는 매정한 인간들을 홍수로 벌할 때 두 사람만 홍수를 피하게 해 주었다. 가난한 바우키스와 필레몬이 손님들에게 대접한 음식은 지극히 소박한 것들이었지만 최선을 다한 것이었다. 얼마 남지 않은 포도주를 모두 그들에게 권하게 되었는데 항아리에 계속해서 포도주가 가득 담기는 것을 보고 깜짝 놀란 노부부는 자신들이 대접한 손님들이 신이었음을 알게 된다.

나 역시 이런 물건이 비록 신화 속일지라도 존재한다는 것이 놀랍고 신기했다. 이렇게 어떤 물건을 넣으면 계속해서 가득 채워지는 보물 단지를 '화수분'이라고 하는데, 한편으로는 화수분이 정말로 있다면 불우이웃을 위해 유용하게 쓸 수 있어 참 좋겠다는 생각을 하게 되었다.

• 위의 '독서 감상문'을 '일기'로 써 보았습니다.

20○○년 ○월 ○일 일요일   날씨: 구름 조금
저도 화수분 선물 받고 싶어요!

텔레비전 여행 프로그램에서 '바우키스와 필레몬'에 대한 신화가 잠깐 소개되었는데 내용이 흥미로워서 더 알고 싶어졌다. 다행히 도서관의 그리스·로마 신화 분야에서 이 책을 찾았다.

바우키스와 그녀의 남편인 착한 농부 필레몬은 나그네로 변신하여 인간 세상을 여행하는 제우스와 헤르메스를 반갑게 맞아 주고 정성스럽게 대접한 유일한 사람들이다. 이 둘의 소박함과 진심을 다하는 마음을 고스란히 느낀 제우스는 그 마을의 매정한 인간들을 홍수로 벌할 때 두 사람만 홍수를 피하게 해 주었다. 가난한 바우키스와 필레몬이 손님들에게 대접한 음식은 지극히 소박한 것들이었지만 노부부 입장에서는 최선을 다한 것이었다. 얼마 남지 않은 포도주를 모두 그들에게 권했지만 항아리에는 계속해서 포도주가 가득 담기는 것을 보고 노부부가 깜짝 놀랐는데 나 역시 이런 물건이 있다는 게 놀랍고 신기했다.

이런 보물 단지를 '화수분'이라고 하는데, 내게도 그런 화수분이 있으면 얼마나 좋을까 싶었다. 만약 신께서 화수분을 내게 주신다면 내가 갖고 싶은 것들을 먼저 갖고, 그 다음으로는 불우이웃을 위해 요긴하게 쓸 텐데…….
하느님! 제 마음이 들리시나요?

두 개의 '독서 감상문' 중에서 마음에 드는 글을 따라 써 봅시다. 맞춤법과 띄어쓰기, 원고지 쓰기 방법에 유의하며 바르게 써 봅니다.

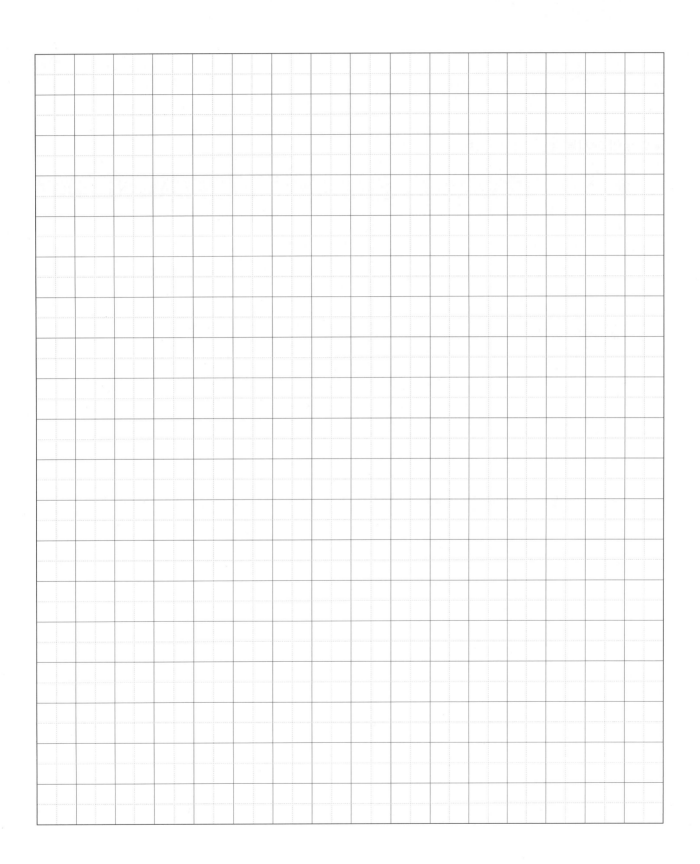

4-# 쉽고 재미있는 나만의 '독서 감상문 쓰기'

 나만의 '독서 감상문'을 쓰려고 합니다. 자신이 그동안 재미있게 읽은 책을 정리해 봅니다. 책을 읽을 때 어떤 생각이나 느낌이 들었는지도 함께 생각하며 한 권을 골라 봅니다.

• 다음의 예시를 보고, 나의 생각을 정리해 봅니다.

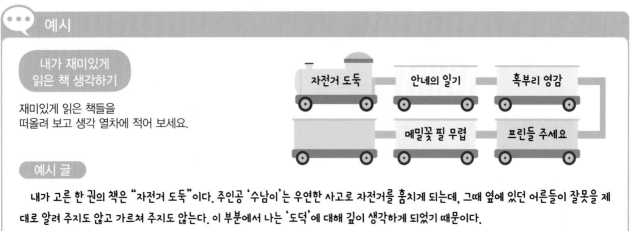

예시

내가 재미있게 읽은 책 생각하기

재미있게 읽은 책들을 떠올려 보고 생각 열차에 적어 보세요.

자전거 도둑 · 안네의 일기 · 혹부리 영감 · 메밀꽃 필 무렵 · 프린들 주세요

예시 글

내가 고른 한 권의 책은 "자전거 도둑"이다. 주인공 '수남이'는 우연한 사고로 자전거를 훔치게 되는데, 그때 옆에 있던 어른들이 잘못을 제대로 알려 주지도 않고 가르쳐 주지도 않는다. 이 부분에서 나는 '도덕'에 대해 깊이 생각하게 되었기 때문이다.

나의 생각

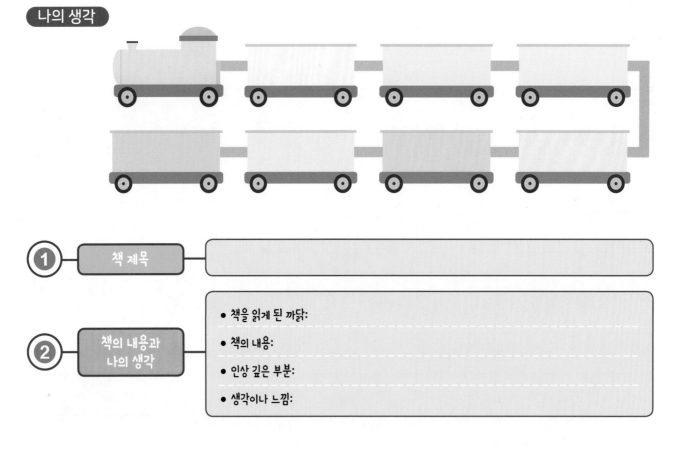

① 책 제목

② 책의 내용과 나의 생각

- 책을 읽게 된 까닭:
- 책의 내용:
- 인상 깊은 부분:
- 생각이나 느낌:

나만의 독서 감상문 쓰기

 책을 읽은 후에 자신의 생각이나 느낌을 쓰는 것이라면 어떤 형식이라도 '독서 감상문'이 될 수 있답니다. 상황에 알맞은 형식을 골라 자신의 마음을 다양하게 표현해 봅시다.

책을 읽고 시로 표현하기

쓰는 방법 책을 읽고 느낀 감동을 짧은 말로 표현하고 싶을 때, 시로 표현할 수 있습니다.

램프 요정아, 램프 요정아.
우리 아빠 소원 좀 들어 줘.
아빠는 가족 캠프를 가고
싶으시대.

램프 요정아, 램프 요정아.
내 소원 좀 들어 줘.
나는 범고래와 함께 수영하고 싶어.

램프 요정아, 램프 요정아.
우리 엄마 소원 좀 들어 줘.
엄마는 꽃향기 가득한 세상을
보고 싶으시대.

램프 요정아, 램프 요정아.
내 동생 소원 좀 들어 줘.
동생은 토끼와 이야기하고 싶대.

책 속의 등장인물에게 편지 쓰기

쓰는 방법

책 속 등장인물에게 전하고 싶은 말이 있을 때 읽을 사람을 고려하여 편지로 표현할 수 있습니다.

제 마음의 소리를 듣고 계실 산타 할아버지께

산타 할아버지, 안녕하세요? 저는 어릴 때부터 산타 할아버지께서 정말 계신지 궁금했어요.
그래서 엄마께 여쭤보면, 마음으로 믿지 않으면 선물을 안 주신다고 해서 살짝 걱정할 때도 있었답니다.
그런데 이 이야기를 읽고 걱정이 없어졌어요. 언제 어디에서나 제 마음을 듣고 계신다고 믿으면
산타 할아버지는 늘 제 곁에 계실 거라고 믿게 되었거든요. 그래서 말인데요. 저도 산타 할아버지께 제 마음을 담은
선물을 하나 드리고 싶어요. 늘 다른 사람들한테 희망과 꿈을 담은 선물을 주기만 하시는데, 산타 할아버지는
누군가에게 그런 걸 받으실까 하는 생각이 들었거든요.
이번 크리스마스에는 꼭 저에게 와 주세요. 산타 할아버지께 드릴 선물과 함께
기다리고 있을게요. 그럼 안녕히 계세요.

20○○년 12월 24일

8장

설명하는 글 쓰기

교과서에서 배워요

- ∘ 설명하는 말을 듣거나 글을 읽고 대강의 내용을 간추려 봅니다.
- ∘ 중심 문장과 뒷받침 문장을 갖추어 문단을 씁니다.
- ∘ 다양한 매체를 활용하여 내용을 효과적으로 전해 봅니다.

'설명하는 글'은 어떤 글일까요

　설명하는 글은 어떤 정보를 읽는 사람에게 전달하는 글로, 사실을 전달해야 하며 읽는 사람이 이해하기 쉬운 낱말과 문장으로 풀어서 써야 합니다.
　설명하는 글은 '처음(설명 대상 밝히기) – 가운데(대상을 구체적으로 설명하기) – 끝(앞의 내용 요약 및 마무리)'의 단계로 구성합니다. 설명하는 글의 글감은 매우 다양하므로 우리 주변을 살펴보면서 설명 대상을 찾아보고 설명하려는 이유도 함께 생각해 봅니다.

'설명하는 글'을 쉽고, 편하게 쓰려면

① 설명하려는 대상을 결정하고 설명하려는 까닭을 생각합니다. 누구나 아는 내용보다는 잘 알려지지 않은 정보를 주는 것이 더 좋습니다.
② 설명 대상을 정했으면 글을 읽는 사람이 궁금해할 내용에 대해 생각해 보고, '처음 – 가운데 – 끝'의 각 부분에 들어갈 적당한 내용을 마련합니다. 이때 설명하는 대상의 특징이 잘 드러나야 하므로 다양한 설명 방법을 활용하도록 합니다. 예를 들면 두 가지 이상의 대상에서 공통점과 차이점을 찾아 설명하기, 설명 대상의 특징을 나열하기, 전체를 여러 부분으로 나누어 부분별로 설명하거나 일정한 기준에 따라 같은 것끼리 묶어서 설명하기 등이 있습니다.
③ 설명하는 글은 정보를 전달하는 글이므로 추측하는 말이나 주장하는 말은 피하고, 자료를 활용할 경우에는 출처를 반드시 밝히도록 합니다.

1-# '설명하는 글 쓰기' 활동 시작

 다음은 듀나가 '설명하는 글'을 쓰는 과정을 담은 장면들입니다. 만화를 잘 보고, 듀나가 한 편의 설명하는 글을 쓸 때, 어떤 과정을 거치는지 생각해 봅시다.

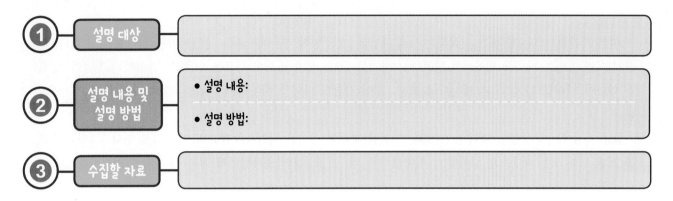

노크노크 2-# 쉽고 재미있는 '설명하는 글 쓰기'

듀나가 '설명하는 글'을 쓰기 위해 내용을 마련하려고 합니다. 만화로 구성된 내용들을 바탕으로 설명 대상의 특징이 잘 드러나도록 쓸 내용을 정리해 봅니다.

① 설명 대상

② 설명 내용 및 설명 방법
- 설명 내용:
- 설명 방법:

③ 수집할 자료

위에서 적은 내용을 바탕으로 '설명하는 글'을 쓰려고 합니다. 다양한 설명 방법과 대상과 관련된 자료들을 활용하여 쓰도록 합니다.

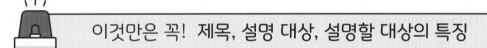

이것만은 꼭! 제목, 설명 대상, 설명할 대상의 특징

- 사실을 바탕으로 읽는 사람이 이해하기 쉽도록 '설명하는 글'을 써 보았습니다.

우리의 명절, 설날

설은 시간적으로는 한 해가 시작되는 새해 새달의 '첫날'인데, 한 해의 최초 명절이라는 의미를 담고 있다. 한편 해가 바뀌어 새로운 한 해를 맞이하는 첫날인 '설'을 쇨 때마다 나이를 한 살씩 더 먹는다고 하여 설이란 용어를 나이를 헤아리는 말로 해석하기도 한다.

설날 아침에는 조상에게 '차례'를 지낸다. 차례를 마치면 가까운 집안사람끼리 모여 성묘를 한다. 그리고 차례를 지낸 뒤에 모두 새옷으로 갈아입고 아랫사람이 윗사람에게 절을 하며 새해 첫인사를 드리는 '세배'를 한다.

설날에 입는 옷을 '설빔'이라고 한다. 특히 여자 어린이들은 대체로 색동저고리에 붉은 치마를 입는다.

설에 먹는 명절 음식으로 '떡국'이 있다. 떡국의 기본 재료는 쌀로 만든 가래떡이며, 경우에 따라서는 만두를 빚어 함께 넣기도 한다.

설 놀이에는 연날리기와 윷놀이, 널뛰기, 돈치기 등이 있다. '윷놀이'는 남녀노소 구별 없이 모든 사람이 집안에서도 하고 밖에서도 어울려 하는 가장 보편적인 놀이이다.

● '설명하는 글'을 다음과 같이 다시 써 보았습니다.

새해 새달의 첫날, 설날

　설은 시간적으로는 한 해가 시작되는 새해 새달의 '첫날'인데, 한 해의 최초 명절이라는 의미를 담고 있다. 한편 설이란 용어를 나이를 헤아리는 말로 해석하기도 한다. 해가 바뀌어 새로운 한 해를 맞이하는 첫날인 '설'을 쇨 때마다 나이를 한 살씩 더 먹는다고 해서 '설'이 사람의 나이를 헤아리는 단위인 '살'로 바뀌게 된 것이라고 한다.

　설날 아침에는 조상에게 '차례'를 지낸다. 차례를 마치면 가까운 집안사람끼리 모여 성묘를 한다. 그리고 차례를 지낸 뒤에 모두 새옷으로 갈아입고 '세배'를 하는데, 아랫사람이 윗사람에게 절을 하며 새해 첫인사를 드리는 것이다.

　설날에 입는 옷을 '설빔'이라고 한다. 여자 어린이들은 대체로 색동저고리에 붉은 치마를 입는다.

　설에 먹는 명절 음식으로 '떡국'이 있다. 떡국의 기본 재료는 쌀로 만든 가래떡이며, 경우에 따라 만두를 빚어 함께 넣기도 한다.

　설에 하는 놀이에는 윷놀이, 널뛰기, 승경도놀이, 돈치기 등이 있다. '윷놀이'는 남녀노소 구별 없이 집안에서도 하고 밖에서도 함께 하는 가장 일반적인 놀이이다.

　설은 무엇보다 한 해의 첫날이라는 점에서 신성한 날을 기리는 의미를 갖는다. 더불어 매년 '설'을 명절로 보내는 것은 우리에게 전통문화를 보존하고 오랜만에 친인척을 만나 새해의 덕담을 나눈다는 점에서 소중하다.

● 위의 '설명하는 글'을 '요약하는 글'로 써 보았습니다.

설날에 대한 정보

　설은 시간적으로는 한 해가 시작되는 새해 새달의 '첫날'인데, 한 해의 최초 명절이라는 의미를 담고 있다.

　설날 아침에는 조상에게 '차례'를 지내고 가까운 집안사람끼리 모여 성묘를 한다. 그리고 차례를 지낸 뒤에는 모두 새옷으로 갈아입고 아랫사람이 윗사람에게 새해 첫인사인 '세배'를 드린다.

　설날에 입는 옷을 '설빔'이라고 하며 색깔이 있는 옷을 입는데, 특히 여자 어린이들은 대체로 색동저고리와 붉은 치마를 입는다. 그리고 설에 먹는 대표적인 명절 음식은 '떡국'으로, 쌀로 만든 가래떡을 기본 재료로 한다. 설의 대표적인 놀이인 '윷놀이'는 남녀노소 구별 없이 모든 사람이 어울려 한다.

　설은 한 해의 첫날이라는 점에서 신성한 날이자 우리에게는 소중한 전통문화이다.

두 개의 '설명하는 글' 중에서 마음에 드는 글을 따라 써 봅시다. 맞춤법과 띄어쓰기, 원고지 쓰기 방법에 유의하며 바르게 써 봅니다.

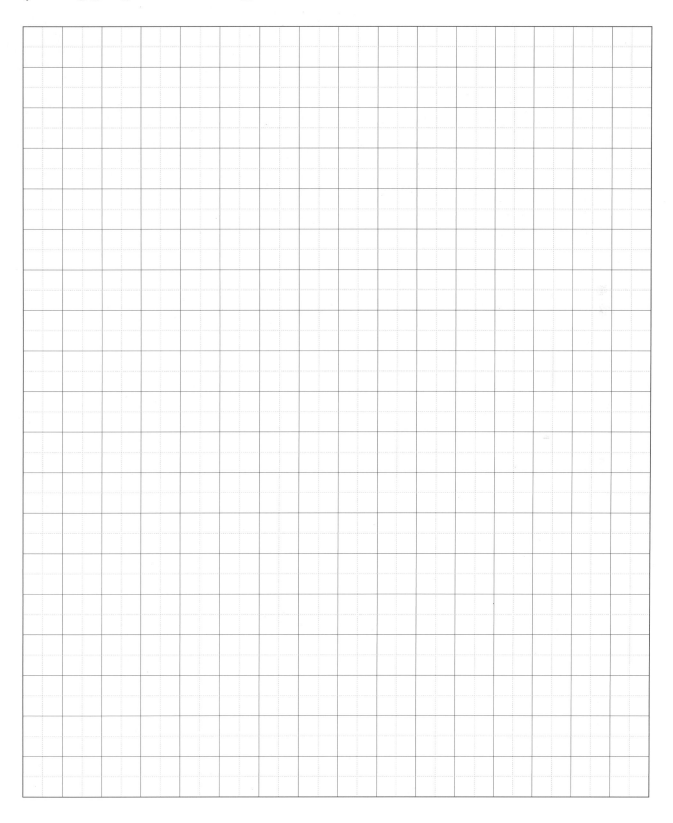

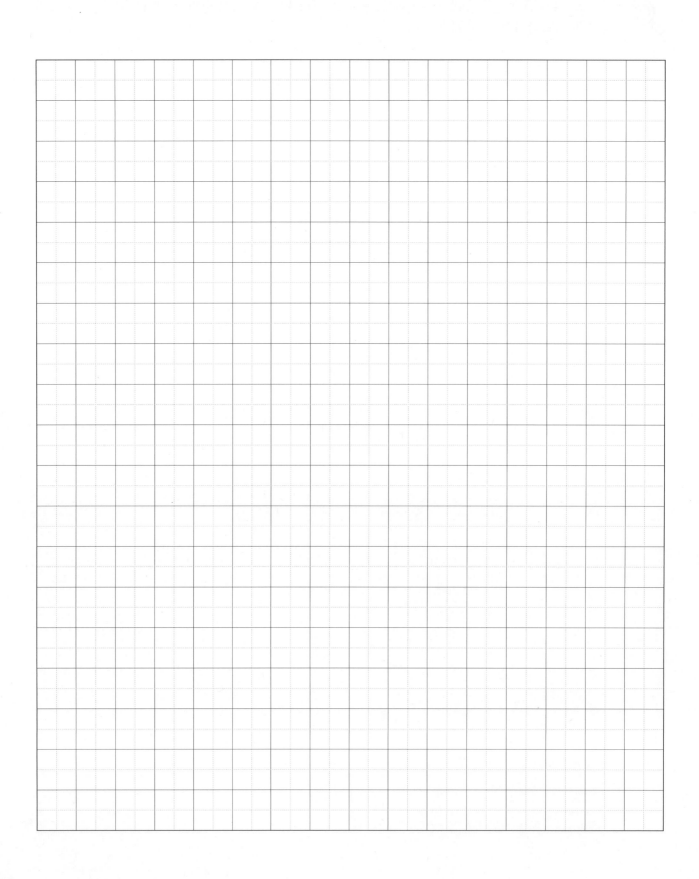

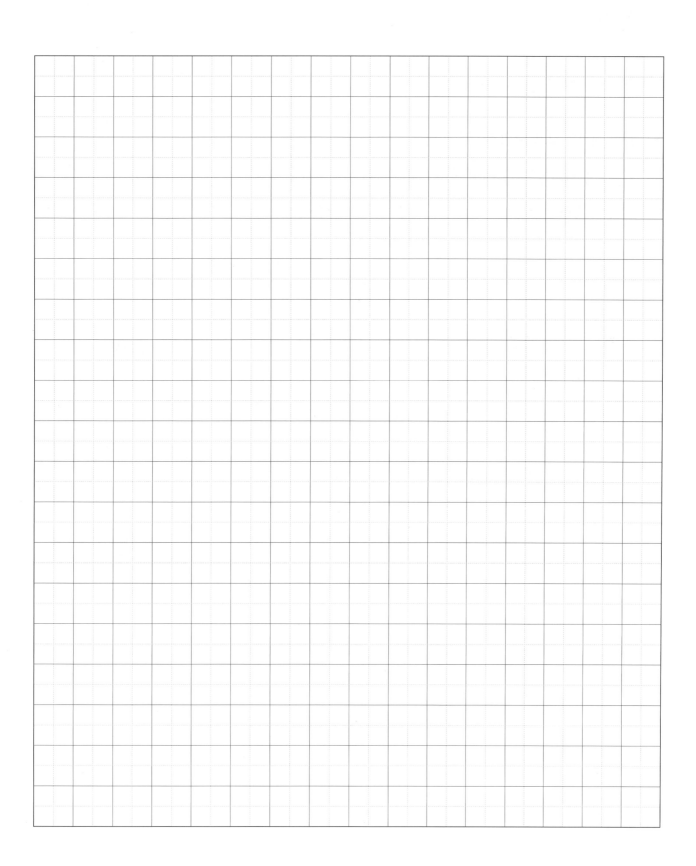

4-# 쉽고 재미있는 나만의 '설명하는 글 쓰기'

 나만의 '설명하는 글'을 쓰려고 합니다. 친구들에게 자신이 좋아하는 것에 대해 설명하는 글을 쓰기 위해 필요한 글쓰기 계획을 세워 봅니다.

• 다음의 예시를 보고, 나의 생각을 정리해 봅니다.

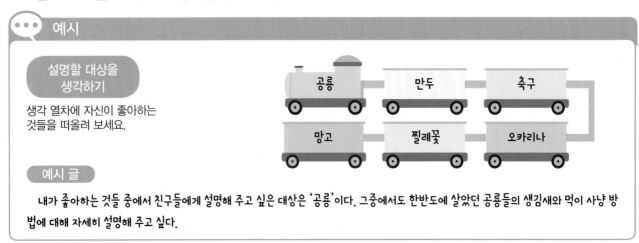

예시

설명할 대상을 생각하기

생각 열차에 자신이 좋아하는 것들을 떠올려 보세요.

| 공룡 | 만두 | 축구 |
| 망고 | 찔레꽃 | 오카리나 |

예시 글

내가 좋아하는 것들 중에서 친구들에게 설명해 주고 싶은 대상은 '공룡'이다. 그중에서도 한반도에 살았던 공룡들의 생김새와 먹이 사냥 방법에 대해 자세히 설명해 주고 싶다.

나의 생각

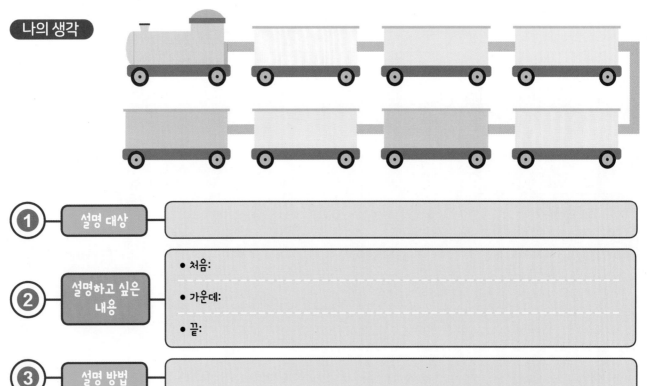

① 설명 대상

② 설명하고 싶은 내용
• 처음:
• 가운데:
• 끝:

③ 설명 방법

④ 수집할 자료

나만의 설명하는 글 쓰기

다양한 '설명하는 글 쓰기'

우리 주변에는 다양한 형식의 '설명하는 글'이 있습니다. 상황과 설명 대상에 따라 정보를 전달하는 형식과 표현 방법이 어떻게 달라지는지를 중심으로 살펴봅시다.

• 다양한 '설명하는 글 쓰기'

감기 예방 방법

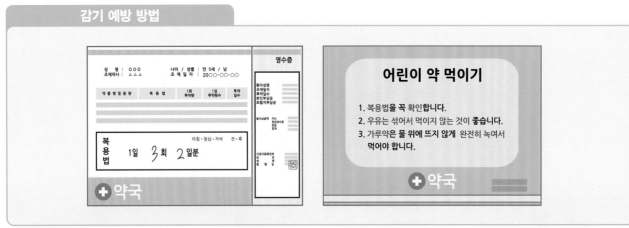

카레 만드는 방법

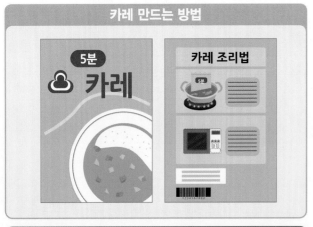

소화전 사용 방법

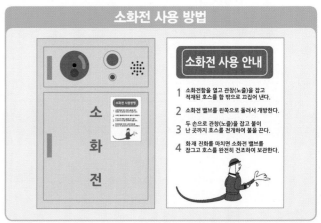

식당의 메뉴판에 있는 음식 설명

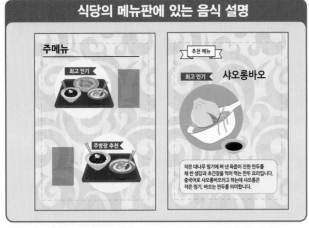

국립 과천현대미술관 이용 안내

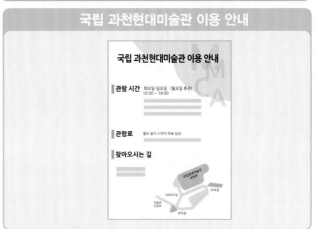

★ 생각을 정리하는 글 쓰기 ★

9장 제안하는 글 쓰기

교과서에서 배워요

- 제안하는 글을 써 봅니다.
- 관심 있는 주제에 대해 자신의 의견이 드러나게 글을 씁니다.
- 다양한 매체를 활용하여 내용을 효과적으로 전해 봅니다.

'제안하는 글'은 어떤 글일까요

제안하는 글은 '문제 상황 – 제안 내용 – 제안하는 까닭'을 담고 있습니다. 제안하는 글을 쓰게 되면 문제 상황과 그것의 해결 방법을 알릴 수 있고, 더 나아가서는 보다 좋은 쪽으로 일을 해결할 수도 있습니다. 제안하는 글은 읽을 사람이 누구인지를 생각해야 하고, 자신이 하는 제안을 사람들이 실천할 수 있는지를 고려하여 글을 쓰는 것이 중요합니다. 제안하는 글을 쓸 때에는 '～합시다', '～하면 좋겠습니다', '～하면 어떨까요?' 등의 표현을 주로 사용합니다.

'제안하는 글'을 쉽고, 편하게 쓰려면

① 주변에서 문제가 되는 상황을 살펴보고 그것을 해결할 수 있는 대안이 무엇일지 생각해 봅니다. 그리고 자신이 생각한 문제 해결 방안을 누구에게 제안할지 생각해 봅니다.

② 문제가 되는 부분에 대해서 다른 사람들이 쉽게 이해할 수 있도록 사실적이고 명확하게 쓰도록 합니다.

③ 제안하는 내용을 정했으면, 왜 그런 제안을 했는지, 제안한 내용대로 했을 때 무엇이 더 나아지는지에 대해 구체적으로 씁니다.

④ 제안하는 내용이 잘 드러나게 제목을 붙입니다.

 다음은 듀나가 '제안하는 글'을 쓰게 되는 과정을 담은 장면들입니다. 만화를 잘 보고, 듀나가 '제안하는 글'을 쓰게 된 상황에 대해 생각해 봅시다.

듀나가 '제안하는 글'을 쓰기 위해 내용을 마련하려고 합니다. 만화로 구성된 내용들을 바탕으로 자신의 제안을 다른 사람들에게 어떻게 전달할지 생각하며 정리해 봅니다.

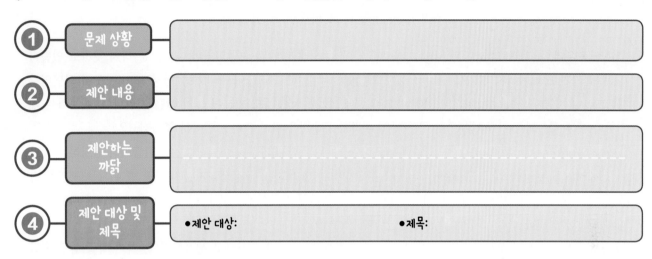

①	문제 상황	
②	제안 내용	
③	제안하는 까닭	
④	제안 대상 및 제목	●제안 대상:　　　　　　　　　　　●제목:

위에서 적은 내용을 바탕으로 '제안하는 글'을 쓰려고 합니다. 문제 상황을 해결하기 위한 자신의 제안이 효과적으로 전달되도록 씁니다.

이것만은 꼭!　문제 상황, 제안 내용, 제안하는 까닭, 제안 대상, 제목

● 제안 내용과 제안하는 까닭을 바탕으로 '제안하는 글'을 써 보았습니다.

학교 화단의 꽃을 살립시다.

　요즈음 우리 학교의 1층 화단은 제대로 가꾸지 않아 꽃과 나무는 시들어 있거나 제대로 자라지 못하고 있고, 누군가가 쓰레기까지 버려서 원래의 모습을 잃었습니다. 학교에 들어서면 가장 먼저 보이는 곳이 화단입니다. 그런데 지금처럼 계속 방치된다면 그것을 매일 보는 학생들도 기분이 좋지 않을 것입니다. 이보다는 계절마다 예쁜 꽃들과 건강한 나무들이 우리의 매일 아침 등굣길을 반겨 주면 좋을 것입니다.

　이를 위해서 주기적으로 화단을 담당하는 학급을 정하여 우리 함께 가꾸고, 화단에 쓰레기를 버리면 안 된다는 팻말을 만들어 설치하도록 합시다.

　학교의 주인은 우리 모두이므로 화단 역시 우리가 함께 가꾸어 가야 한다고 생각합니다. 주기적으로 꽃 심기와 물 주기 같은 화단 가꾸는 일을 각 학급에서 돌아가면서 하면 모두가 책임감을 갖고 더 열심히 할 것입니다. 또한 화단은 꽃과 나무를 심어서 아름답게 가꾸는 공간이지, 쓰레기를 아무렇게 버려도 되는 곳이 아님을 팻말을 통해 알리면 화단이 망가지는 일을 방지할 수 있습니다.

• '제안하는 글'을 다음과 같이 다시 써 보았습니다.

우리의 정성을 학교 화단에 심어 주세요.

요즈음 우리 학교 1층의 화단은 제대로 가꾸지 않아 꽃과 나무는 시들어 있거나 제대로 자라지 못하고 있습니다. 누군가가 쓰레기까지 버려서 원래의 모습도 잃었습니다. 학교에 들어서면 가장 먼저 보이는 곳이 화단입니다. 그런데 지금처럼 계속 방치되어 있다면 그것을 매일 보는 학생들도 기분이 좋지 않을 것입니다. 이보다는 계절마다 예쁜 꽃들과 건강한 나무들이 매일 아침 우리의 등굣길을 반겨 준다면 얼마나 좋을까요?

이를 위해서 주기적으로 화단을 담당하는 학급을 정해 우리 함께 가꾸면 어떨까요? 각 학급마다 담당하는 기간이 정해지면 세부적인 일들을 나누어서 하면 될 것입니다. 그리고 화단에 쓰레기를 버리면 안 된다는 팻말을 만들어 여러 군데에 설치했으면 좋겠습니다. 이때 금지 표지판처럼 딱딱한 느낌보다는 예쁜 꽃이 그려진 따뜻한 느낌의 팻말을 설치하면 더 효과가 좋을 것 같습니다.

학교의 주인은 우리 모두이므로 화단 역시 우리가 함께 가꾸어 가야 한다고 생각합니다. 자기 학급 담당 기간에 '꽃 심기, 물 주기, 잡초 정리'와 같은 화단 가꾸기를 각 학급이 돌아가면서 맡는다면 모두가 책임감을 갖고 더 열심히 할 것입니다. 그리고 우리의 이런 노력을 통해서 화단을 더 아름답게 가꿀 수 있습니다. 또한 화단은 꽃과 나무를 심어서 아름답게 가꾸는 공간이지, 쓰레기를 아무렇게 버려도 되는 곳이 아님을 팻말을 통해 알리면 화단이 망가지는 것을 좀 더 효과적으로 방지할 수 있습니다.

• 위의 '제안하는 글'을 '발표문'으로 써 보았습니다.

저는 '학교 화단'을 주제로 발표하겠습니다. 발표 제목은 '우리의 정성을 학교 화단에 심어 주세요.'입니다. 우리 학교 1층의 화단은 제대로 가꾸지 않아 화초가 시들어 있고 누군가가 버린 쓰레기도 그대로 방치되어 있습니다. 이런 모습보다는 계절마다 예쁜 꽃들과 건강한 나무들이 매일 아침 우리의 등굣길을 반겨 주면 더 좋지 않을까요?

이를 위해서 주기적으로 화단을 담당하는 학급을 정해 우리 함께 가꾸었으면 좋겠습니다. 각 학급마다 담당하는 기간이 정해지면 '꽃 심기, 물 주기, 잡초 정리'와 같은 세부적인 일들은 나누어서 하면 될 것입니다. 다 같이 책임감을 갖고 열심히 하면 화단을 더 아름답게 가꿀 수 있습니다.

그리고 화단에 쓰레기를 버리면 안 된다는 팻말을 만들어 설치했으면 좋겠습니다. 이때 금지 표지판처럼 딱딱한 느낌보다는 예쁜 꽃이 그려진 따뜻한 느낌의 팻말을 설치하면 더 효과가 좋을 것 같습니다.

지금까지 우리 학교 화단을 가꾸는 방법에 대해 발표했습니다. 우리의 노력으로 더 아름다운 화단을 만드는 데 적극적으로 참여해 주었으면 합니다.

두 개의 '제안하는 글' 중에서 마음에 드는 글을 따라 써 봅시다. 맞춤법과 띄어쓰기, 원고지 쓰기 방법에 유의하며 바르게 써 봅니다.

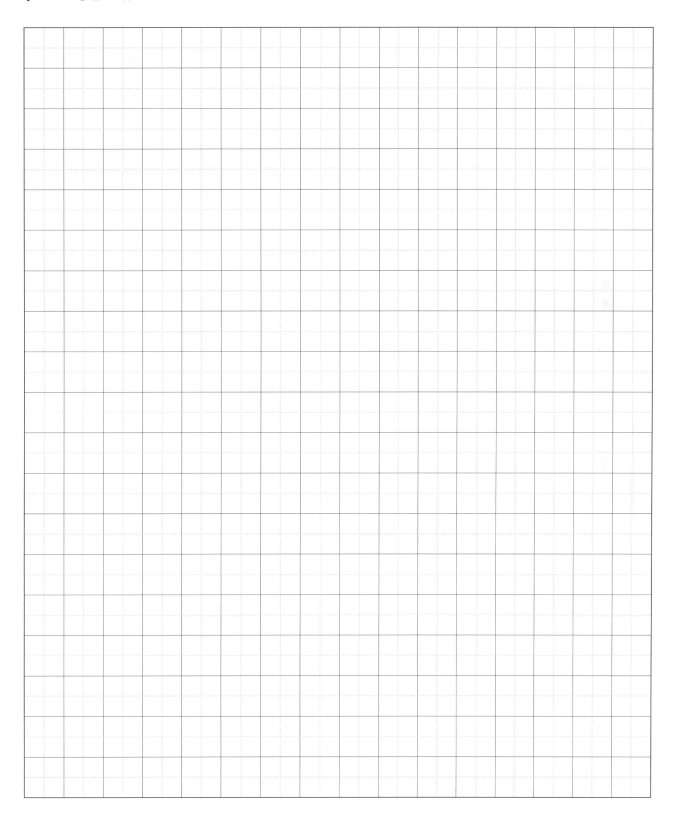

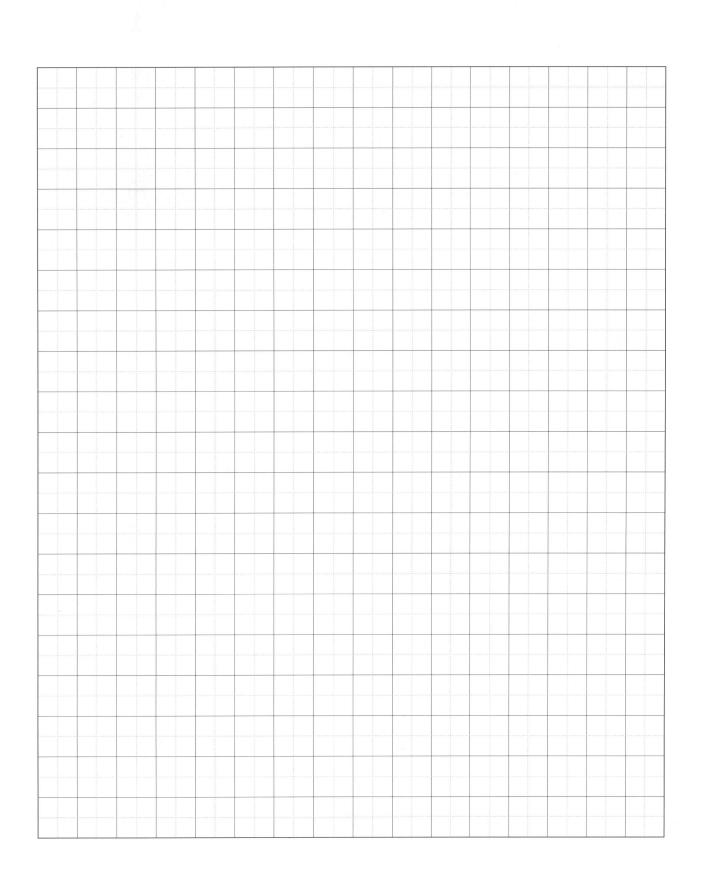

4-# 쉽고 재미있는 나만의 '제안하는 글 쓰기'

 나만의 '제안하는 글'을 쓰려고 합니다. 자신의 생활 속에서 문제 상황이 발생하여 제안할 내용이 있는지 생각해 보고 그 내용을 정리해 봅니다.

• 다음의 예시를 보고, 나의 생각을 정리해 봅니다.

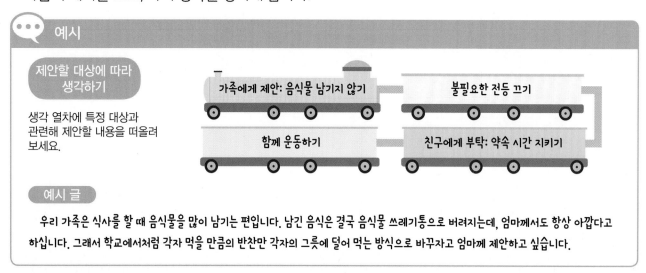

예시

제안할 대상에 따라 생각하기

생각 열차에 특정 대상과 관련해 제안할 내용을 떠올려 보세요.

가족에게 제안: 음식물 남기지 않기

불필요한 전등 끄기

함께 운동하기

친구에게 부탁: 약속 시간 지키기

예시 글

우리 가족은 식사를 할 때 음식물을 많이 남기는 편입니다. 남긴 음식은 결국 음식물 쓰레기통으로 버려지는데, 엄마께서도 항상 아깝다고 하십니다. 그래서 학교에서처럼 각자 먹을 만큼의 반찬만 각자의 그릇에 덜어 먹는 방식으로 바꾸자고 엄마께 제안하고 싶습니다.

나의 생각

나의 제안

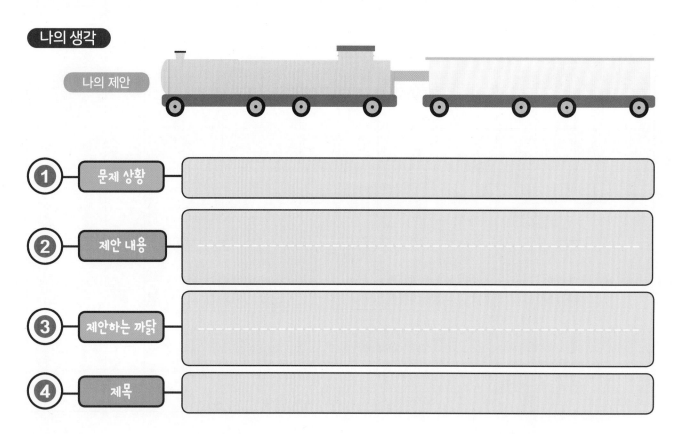

① 문제 상황

② 제안 내용

③ 제안하는 까닭

④ 제목

나만의 제안하는 글 쓰기

 우리 주변에는 다양한 형식의 '제안하는 글'이 있습니다. 문제 상황에 대한 해결 방법을 제안하는 방식이 어떻게 이루어지는지를 살펴봅시다.

청소년 정책 제안 공모전

보건복지부와 한국건강증진개발원에서 제안한 건강한 스마트폰 사용 수칙

어린이 보호를 위한 안전 운전을 해 달라고 제안하는 모습

★ 생각을 정리하는 글 쓰기 ★

10장 발표문 쓰기

교과서에서 배워요

∘∘ 우리말 사용 실태를 조사해 여러 사람 앞에서 발표해 봅니다.
∘∘ 목적이나 주제에 따라 알맞은 내용과 매체를 선정하여 글을 씁니다.
∘∘ 다양한 매체를 활용하여 내용을 효과적으로 전해 봅니다.

'발표문'은 어떤 글일까요

학교에서 친구들과 함께 또는 혼자서 발표를 해야 하는 경우가 종종 있습니다.
이때 발표할 내용과 활용할 자료를 미리 글로 작성해 보면 발표할 때 실수를 줄이고
능숙하게 발표할 수 있습니다. 발표문은 '시작하는 말(발표 주제 · 제목 밝히기) – 전달
하려는 내용(발표 내용 설명 및 보조 자료 활용) – 끝맺는 말(마무리 인사 및 발표
주제 강조)'로 구성합니다. 발표문의 내용을 마련하기 위해서는 주제에 알맞은 자료를
조사하고, 인터넷에서 찾은 글이나 사진 자료를 사용할 때는 반드시 출처를 밝히도록
합니다.

'발표문'을 쉽고, 편하게 쓰려면

① 발표 주제와 관련해 조사 주제를 정하고, 조사 대상과 조사 방법을 정합니다. 조사
   방법에는 '관찰, 설문지, 면담, 책 또는 글'과 같이 여러 가지가 있습니다. 이 중에서
   발표 주제를 효과적으로 전달할 수 있는 것으로 선정하도록 합니다.
② 조사 주제, 조사 기간과 과정, 조사 대상과 방법을 바탕으로 조사 계획을 세웁니다.
③ 조사한 내용으로 발표할 준비를 합니다. 조사한 결과와 조사한 뒤에 드는 생각이나
   느낌을 정리해 둡니다. 이를 바탕으로 발표문을 씁니다.
④ 발표문에 과장된 내용이나 거짓인 내용은 없는지, 자료는 정확한지 등을 점검하도록
   합니다.

 1-# '발표문 쓰기' 활동 시작

다음은 듀나가 발표문을 쓰는 과정을 담은 장면들입니다. 만화를 잘 보고, 듀나가 한 편의 발표문을 쓸 때, 어떤 과정을 거치는지 생각해 봅시다.

듀나가 발표문을 쓰기 위해 내용을 마련하려고 합니다. 만화로 구성된 내용들을 바탕으로 발표 상황을 고려하여 발표문에 쓸 내용을 정리해 봅니다.

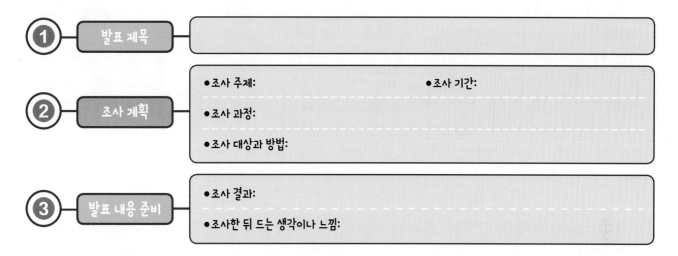

1 발표 제목

2 조사 계획
- 조사 주제:
- 조사 기간:
- 조사 과정:
- 조사 대상과 방법:

3 발표 내용 준비
- 조사 결과:
- 조사한 뒤 드는 생각이나 느낌:

위에서 적은 내용을 바탕으로 '발표문'을 쓰려고 합니다. 발표 상황과 주제를 고려하고 조사한 내용을 바탕으로 쓰도록 합니다.

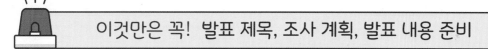

이것만은 꼭! 발표 제목, 조사 계획, 발표 내용 준비

• 실제 발표를 하는 상황을 떠올리며 조사 내용을 바탕으로 '발표문'을 써 보았습니다.

저는 '건강한 생활을 위해 실천하면 좋은 일'과 관련하여 감기를 예방하는 방법에 대해 조사했습니다. 발표 제목은 '감기를 예방하는 방법'입니다.

우리가 병원의 소아 청소년과에 가는 이유는 대체로 '감기' 때문인데, 감기를 예방하는 방법은 생각보다 간단하고 어렵지 않습니다. 제가 직접 만난 의사 선생님께서 알려 주신 감기 예방 방법은 다음과 같습니다.

첫째는 외출 후 돌아오면 바로 손을 씻고 양치질하는 습관을 들여 '청결'을 유지하는 것입니다. 둘째는 기온 변화로 추위를 느끼면 즉시 외투를 걸치거나 따뜻한 음료를 먹어 체온을 유지시켜 주는 '보온'입니다. 체온을 유지하기 위해 우리 몸은 많은 에너지를 소비하므로 체온이 내려가는 것을 미리 방지하는 것이 좋습니다. 셋째는 식사를 규칙적으로 하고, 음식을 골고루 먹는 '식습관'입니다. 마지막으로는 평소에 '규칙적인 생활'을 하는 것입니다. 잠자리에 드는 시간을 규칙적으로 하고 잠자기 전에 깨끗이 씻고 따뜻하게 잠들도록 합니다. 지금까지 생활에서 실천할 수 있는 감기 예방법을 발표했습니다. 우리 모두가 감기에 걸리지 않고 건강한 생활을 할 수 있도록 네 가지 수칙을 생활화합시다.

3-# 쉽게 재미있게 특별하게 '발표문 쓰기'

• '발표문'을 다음과 같이 다시 써 보았습니다.

　　저는 '건강한 생활을 위해 실천하면 좋은 일'과 관련하여 감기를 예방하는 방법에 대해 조사했습니다. 발표 제목은 '감기를 예방하는 생활 수칙'입니다. 우리는 환절기나 겨울이 되면 '감기'에 자주 걸려 병원에 가게 됩니다. 누구나 걸릴 수 있는 가장 흔한 질병이면서도 우리를 힘들게 하는 '감기'를 예방하는 방법이 없을까요? 제가 직접 만나 뵌 의사 선생님께서 알려 주신 감기 예방법은 다음과 같습니다.

　　첫째는 외출한 후 돌아오면 바로 손을 씻고 양치질하는 습관을 들여 '청결'을 유지하는 것입니다. 둘째는 기온 변화로 추위를 느끼면 즉시 외투를 걸치거나 따뜻한 음료를 먹어 체온을 유지시켜 주는 '보온'입니다. 체온을 유지하기 위해 우리 몸은 많은 에너지를 소비하므로 체온이 내려가는 것을 미리 방지하는 것이 좋습니다. 셋째는 규칙적인 식사와 음식을 골고루 먹는 '식습관'입니다. 넷째는 평소에 '규칙적인 생활'을 하는 것입니다. 잠자리에 드는 시간을 규칙적으로 하고 잠자기 전에 깨끗이 씻고 따뜻하게 잠들도록 합니다. 그리고 마지막으로 음식 백과사전에 제시된 '배, 수세미, 도라지, 생강, 무' 등과 같이 감기에 좋은 음식을 자주 먹는 것입니다.

　　지금까지 생활에서 실천할 수 있는 감기 예방법을 발표했습니다. 우리 모두가 감기에 걸리지 않고 건강한 생활을 할 수 있도록 다섯 가지 수칙을 생활화합시다. 그럼 이상으로 발표를 마치겠습니다.

• 위의 '발표문'을 '주장하는 글'로 써 보았습니다.

　　우리는 환절기나 겨울이 되면 '감기'에 자주 걸려 병원에 가게 됩니다. 누구나 걸릴 수 있는 가장 흔한 질병이면서도 우리를 힘들게 하는 '감기'를 예방하기 위해 우리는 무엇을 해야 할까요?

　　첫째는 외출한 후 돌아오면 바로 손을 씻고 양치질하는 습관을 들여 '청결'을 유지해야 합니다. 우리가 생활하면서 손으로 만지는 수많은 물건들과 입속으로 들어오는 공기에는 세균이 가득하기 때문입니다. 둘째는 기온 변화로 추위를 느끼면 즉시 외투를 걸치거나 따뜻한 음료를 먹어 체온을 유지시켜 줘야 합니다. 체온을 유지하기 위해 우리 몸은 많은 에너지를 소비하기 때문입니다. 셋째는 식사를 규칙적으로 하고, 음식을 골고루 먹는 바른 '식습관'을 가져야 합니다. 우리 몸속에 영양분이 제대로 공급되지 않으면 면역력이 떨어질 수 있기 때문입니다. 특히 '배, 수세미, 도라지, 생강, 무' 등과 같이 감기에 좋은 음식을 자주 먹으면 좋습니다. 넷째는 평소에 '규칙적인 생활'을 해야 합니다. 잠자리에 드는 시간을 규칙적으로 하고 잠자기 전에 깨끗이 씻고 따뜻하게 잠들도록 해야 합니다. 앞에서 제시한 생활 속 감기 예방법은 누구나 쉽게 실천할 수 있는 것들입니다. 우리 모두가 감기에 걸리지 않고 건강한 생활을 할 수 있도록 네 가지 수칙을 꼭 생활화합시다.

두 개의 '발표문' 중에서 마음에 드는 글을 따라 써 봅시다. 맞춤법과 띄어쓰기, 원고지 쓰기 방법에 유의하며 바르게 써 봅니다.

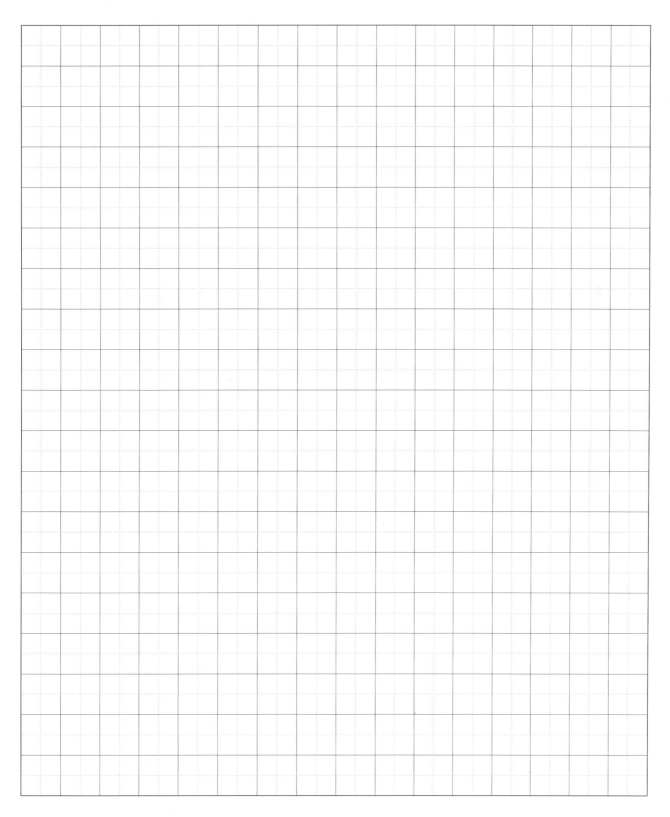

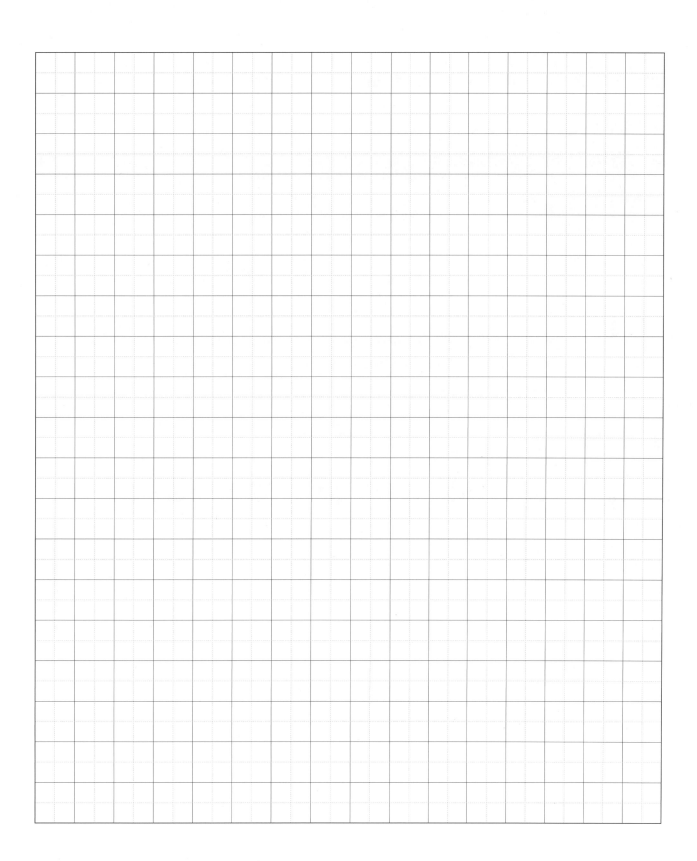

 나만의 '발표문'을 쓰려고 합니다. 발표 주제와 관련해 조사 대상 및 조사 방법을 정하고 조사 계획을 세워 봅니다. 조사 내용을 바탕으로 '발표문'의 내용을 마련해 봅시다.

• 다음의 예시를 보고, 나의 생각을 정리해 봅니다.

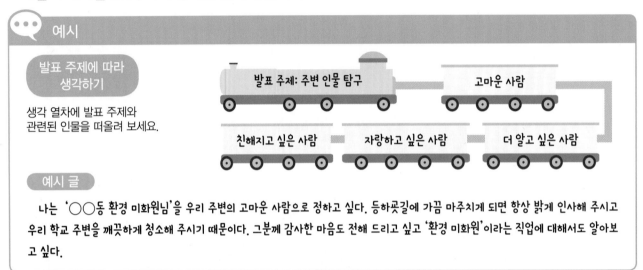

예시

발표 주제에 따라 생각하기

생각 열차에 발표 주제와 관련된 인물을 떠올려 보세요.

발표 주제: 주변 인물 탐구   고마운 사람

친해지고 싶은 사람   자랑하고 싶은 사람   더 알고 싶은 사람

예시 글

나는 '○○동 환경 미화원님'을 우리 주변의 고마운 사람으로 정하고 싶다. 등하굣길에 가끔 마주치게 되면 항상 밝게 인사해 주시고 우리 학교 주변을 깨끗하게 청소해 주시기 때문이다. 그분께 감사한 마음도 전해 드리고 싶고 '환경 미화원'이라는 직업에 대해서도 알아보고 싶다.

나의 생각

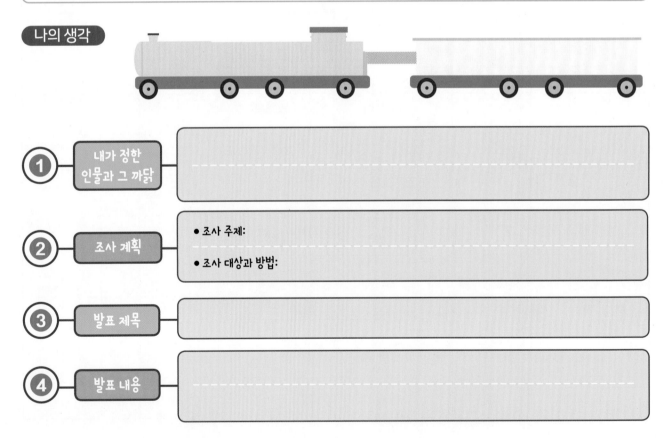

① 내가 정한 인물과 그 까닭

② 조사 계획
• 조사 주제:
• 조사 대상과 방법:

③ 발표 제목

④ 발표 내용

여러 가지 자료를 활용하여 '발표문 쓰기'

 어떤 사실이나 정보, 의견을 담아서 듣는 사람에게 전하는 '발표문'을 쓸 때, 매체 자료를 활용하면 좀 더 효과적으로 내용을 전달할 수 있습니다. 다양한 매체 자료를 알맞게 활용한 상황들을 살펴봅시다.

사진

주말에 설악산에서 본 '가을 단풍'의 아름다운 모습을 말로만 설명할 때에는 친구가 이해하기 어려웠는데, 내가 직접 찍은 사진을 보여 주니 금세 이해했어.

동영상

독도의 날을 기념하는 학급 발표회에서 독도의 날 기념 율동을 보여 주면 어떨까? 인터넷을 보니 다른 사람들이 만들어 놓은 율동이 있었어.

표

오늘은 미세 먼지 농도에 따른 행동 요령에 대해 알아보겠습니다.

★ 생각을 정리하는 글 쓰기 ★

11장 주장하는 글 쓰기

교과서에서 배워요

∘∘ 사실과 의견을 생각하며 글을 써 봅니다.
∘∘ 관심 있는 주제에 대해 자신의 의견이 드러나게 글을 씁니다.
∘∘ 적절한 근거와 알맞은 자료를 활용해 주장하는 글을 씁니다.
∘∘ 다양한 매체를 활용하여 내용을 효과적으로 전해 봅니다.

'주장하는 글'은 어떤 글일까요

주장하는 글은 어떤 주제에 대한 자기의 생각이나 주장을 내세워 다른 사람을 설득하려는 글입니다. 글쓴이가 내세우는 생각을 '주장'이라고 하고, 이를 뒷받침하는 내용을 '근거'라고 합니다. 주장하는 글에서 다른 사람을 설득하는 힘이 있으려면 적절한 근거를 제시하고 믿을 수 있는 내용이어야 합니다. 주장하는 글은 '서론(문제 상황과 주장 밝히기) – 본론(주장을 뒷받침하는 근거 제시) – 결론(본론 요약 및 강조)'의 단계로 구성됩니다.

'주장하는 글'을 쉽고, 편하게 쓰려면

① 주변에서 문제가 되는 상황을 생각해 보고 그에 대한 자신의 생각이나 주장을 정리합니다.
② 자신의 주장을 정했으면, 그것을 뒷받침할 수 있는 근거를 생각해 보고 관련 자료를 다양한 방법으로 수집합니다. 자료의 종류에는 기사문, 사진, 그림, 표, 동영상, 지도, 전문가의 말이나 글 등이 있습니다.
③ 주장하는 글로 쓸 내용이 마련되면 글의 짜임에 맞게 글을 씁니다. '서론'에서 주장을 밝히면서 흥미를 끄는 질문으로 시작해도 좋습니다. '본론'에서 제시하는 근거는 구체적이고 사실적인 자료를 활용하도록 합니다. '결론'에서는 주장을 실천했을 때 나타날 긍정적인 모습을 써도 좋습니다.

1-# '주장하는 글 쓰기' 활동 시작

 다음은 듀나가 '주장하는 글'을 쓰는 과정을 담은 장면들입니다. 만화를 잘 보고, 듀나가 한 편의 '주장하는 글'을 쓸 때 어떤 과정을 거치는지 생각해 봅시다.

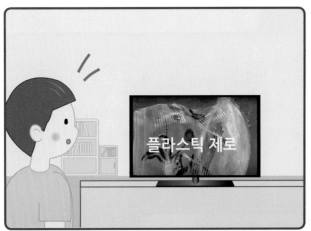

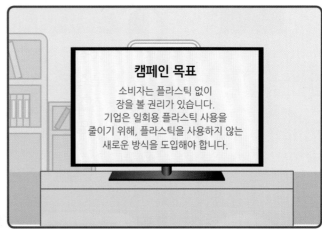

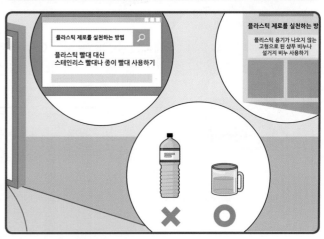

듀나가 '주장하는 글'을 쓰기 위해 내용을 마련하려고 합니다. 만화로 구성된 내용들을 바탕으로 '주장하는 글'의 구성 요소에 맞게 쓸 내용을 정리해 봅니다.

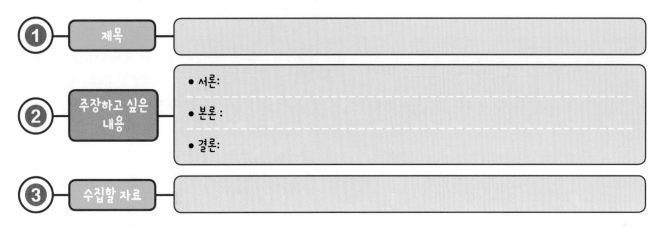

① 제목

② 주장하고 싶은 내용
- 서론:
- 본론:
- 결론:

③ 수집할 자료

위에서 적은 내용을 바탕으로 '주장하는 글'을 쓰려고 합니다. 문제 상황과 그에 대한 자신의 생각이나 주장을 바탕으로 쓰도록 합니다.

이것만은 꼭! 제목, 주장하고 싶은 내용, 수집할 자료

- 문제 상황을 바라보는 자신의 주장과 적절한 근거를 바탕으로 '주장하는 글'을 써 보았습니다.

플라스틱 제로 운동에 참여합시다.

한 조사에 따르면 1950년~2015년 사이 전 세계에서 생산된 플라스틱의 9%만이 재활용된다고 합니다. 나머지 일회용 플라스틱은 그대로 버려져 썩는 데 500년 이상이 걸린다고 하니 정말 심각한 환경 문제입니다.

한 번 쓰고 버리는 편리함 때문에 사용 후 버려진 플라스틱은 바다 생태계를 오염시킵니다. 미세 플라스틱은 크기가 매우 작아 육지 하수 처리 시설에서 걸러지지 않고 강과 바다로 흘러듭니다. 그리고 많은 수중 생물들이 이를 먹이로 알고 섭취하는데, 이런 과정에서 바다 생태계는 이미 심각한 오염 상태에 이르렀습니다.

바다에 쌓인 미세 플라스틱이 한자리에 머물지 않고 바다 생물들을 매개로 이동하면서 서로 영향을 미치고 생태계 전반에 큰 변화를 준다고 합니다. 우리는 지구 환경을 지키기 위해서 우선 일회용 플라스틱의 생산과 소비를 함께 줄여야 합니다. 이를 위해 국제 환경 보호 단체인 '그린피스'에서는 '플라스틱 제로' 캠페인을 벌이고 있습니다. 실천 방법으로 '텀블러나 머그잔 이용하기, 낱개 포장된 야채나 과일 사지 않기, 운동할 때 다회용 물통 챙기기' 등이 있는데, 이는 우리의 작은 노력으로도 실천할 수 있는 것들입니다. 우리 모두 일회용 플라스틱 사용으로 인한 환경 문제의 심각성을 알고, 지구 환경을 지키기 위한 환경 운동에 참여하도록 노력해야 합니다.

• '주장하는 글'을 다음과 같이 다시 써 보았습니다.

플라스틱과는 이제 이별합시다.

여러분의 가정에서는 분리수거를 하고 계시나요? 그런데 놀랍게도 1950년~2015년 사이 전 세계에서 생산된 플라스틱의 9%만이 재활용되었고 나머지는 썩는 데 500년 이상이 걸린다고 하니 정말 심각한 환경 문제입니다.

한 번 쓰고 버리는 편리함 때문에 그동안 무심코 사용하고 버린 플라스틱은 바다 생태계를 오염시킵니다. 얼마 전 호주의 한 논문에는 바다 밑에 미세 플라스틱 840만~1,440만 톤이 축적되어 있다는 내용이 실렸습니다. 미세 플라스틱은 크기가 매우 작아 육지 하수 처리 시설에서 걸러지지 않고 강과 바다로 흘러듭니다. 그리고 많은 수중 생물들이 이를 먹이로 알고 섭취하면서 이미 심각한 오염 상태에 이르렀습니다.

바다에 쌓인 미세 플라스틱이 한자리에 머물러 있지 않는다는 것 역시 또 하나의 문제입니다. 과학자들은 바다 생물들이 끊임없이 이동하면서 서로 영향을 미칠 것으로 예측합니다.

그렇다면 우리는 앞으로 어떻게 해야 할까요? 우선 일회용 플라스틱의 생산과 소비를 함께 줄이는 것이 중요합니다. 이를 위해 국제 환경 보호 단체인 '그린피스'에서는 '플라스틱 제로' 캠페인을 벌이고 있습니다. 생활 속 실천 방법으로는 '텀블러나 머그잔 이용하기, 낱개 포장된 야채나 과일 사지 않기, 운동할 때 다회용 물통 챙기기, 재사용 가능한 빨대 사용하기, 배달 음식 주문할 때 일회용 수저 빼 달라고 하기' 등이 있습니다. 이 방법들은 대단한 것들이 아니라 우리가 생활 속에서 조금만 노력하면 되는 간단한 것들입니다.

일회용 플라스틱 사용으로 인한 환경 문제의 심각성을 인식하고, 약간의 불편함이 있더라도 지구 환경을 지키기 위해 환경 운동에 참여해야 합니다.

• 다음은 이 '주장하는 글'을 '제안하는 글'로 써 보았습니다.

'플라스틱 제로' 운동에 동참해 주세요.

한 조사에 따르면 1950년~2015년 사이 전 세계에서 생산된 플라스틱의 9%만이 재활용되고 나머지 일회용 플라스틱은 썩는 데 500년 이상이 걸린다고 하니 지금 지구 환경의 오염은 정말 심각한 상황입니다.

우리는 지구 환경을 위해서 우선 일회용 플라스틱의 생산과 소비를 함께 줄여야 합니다. 이를 위해 국제 환경 보호 단체인 '그린피스'에서는 '플라스틱 제로' 캠페인을 벌이고 있습니다. 실천 방법으로 '텀블러나 머그잔 이용하기, 낱개 포장된 야채나 과일 사지 않기, 운동할 때 다회용 물통 챙기기' 등이 있습니다. 작은 노력으로 할 수 있는 이 운동에 우리 모두 참여합시다.

이 운동에 참여하면 미세 플라스틱의 축적으로 인해 오염된 바다 생태계를 정화할 수 있고, 결국 자연의 일부인 인간의 삶도 살릴 수 있습니다.

두 개의 '주장하는 글' 중에서 마음에 드는 글을 따라 써 봅시다. 맞춤법과 띄어쓰기, 원고지 쓰기 방법에 유의하며 바르게 써 봅니다.

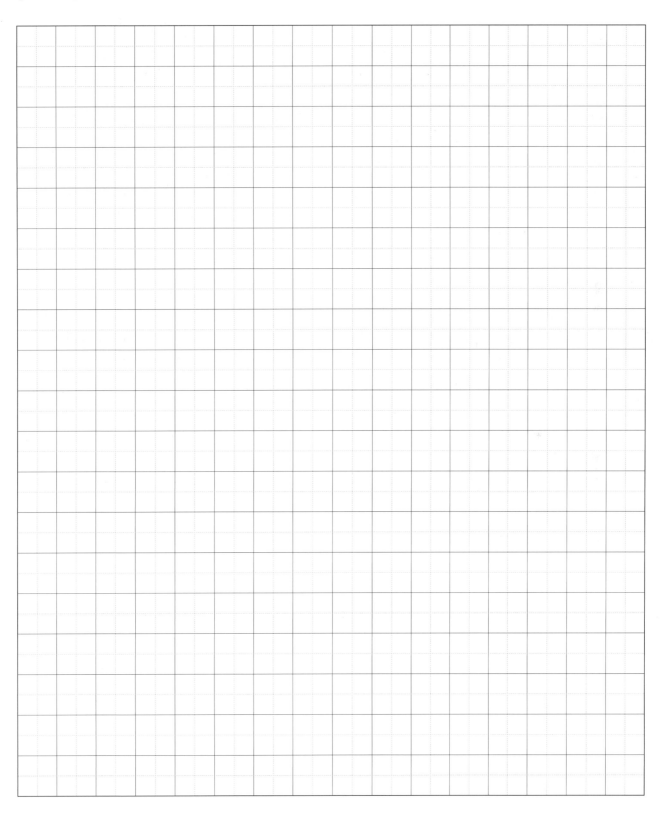

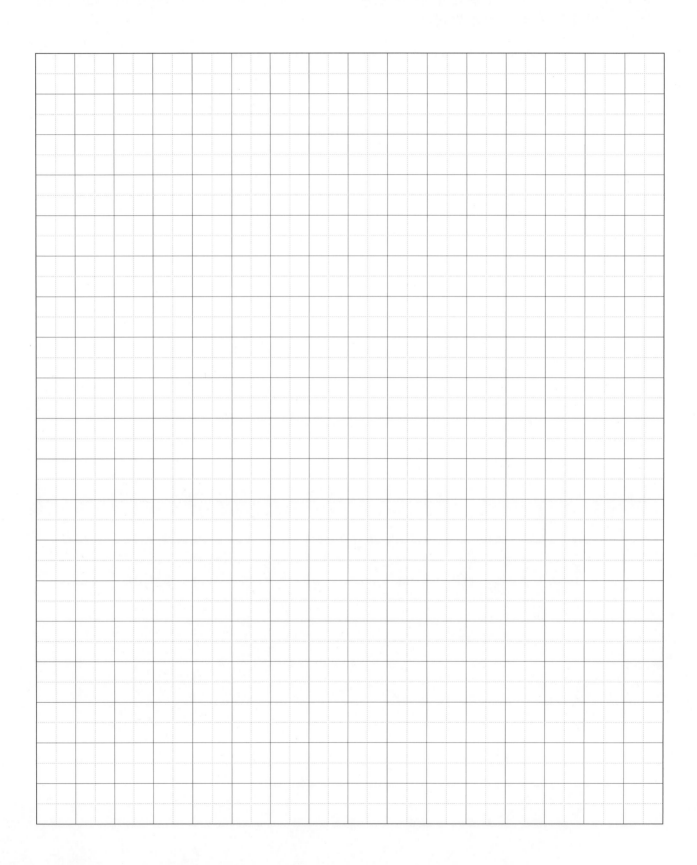

4-# 쉽고 재미있는 나만의 '주장하는 글 쓰기'

나만의 '주장하는 글'을 쓰려고 합니다. 자기 주변의 문제 상황에 대한 자신의 생각이나 주장을 밝히는 글을 쓰기 위해 필요한 글쓰기 계획을 세워 봅니다.

• 다음의 예시를 보고, 나의 생각을 정리해 봅니다.

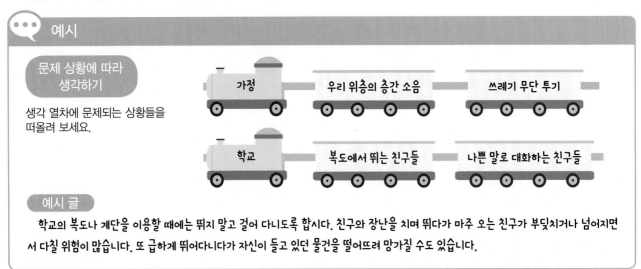

예시

문제 상황에 따라 생각하기

생각 열차에 문제되는 상황들을 떠올려 보세요.

가정 — 우리 위층의 층간 소음 — 쓰레기 무단 투기

학교 — 복도에서 뛰는 친구들 — 나쁜 말로 대화하는 친구들

예시 글

학교의 복도나 계단을 이용할 때에는 뛰지 말고 걸어 다니도록 합시다. 친구와 장난을 치며 뛰다가 마주 오는 친구가 부딪치거나 넘어지면서 다칠 위험이 많습니다. 또 급하게 뛰어다니다가 자신이 들고 있던 물건을 떨어뜨려 망가질 수도 있습니다.

나의 생각

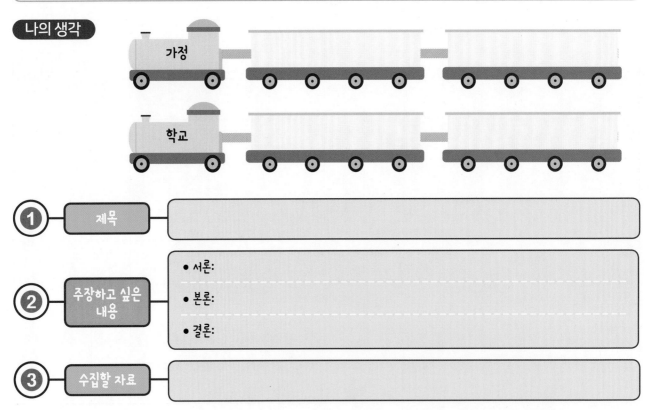

가정

학교

① 제목

② 주장하고 싶은 내용
 • 서론:
 • 본론:
 • 결론:

③ 수집할 자료

다양한 '주장하는 글 쓰기'

 우리 주변에는 다양한 형식의 '주장하는 글'이 있습니다. 문제 상황에 따라 자신의 의견을 주장하는 형식과 표현 방법이 어떻게 달라지는지를 중심으로 살펴봅시다.

공정 무역을 알리는 캠페인

쓰는 방법 저개발국 생산자로부터 정당한 가격으로 구매한 제품을 선진국 소비자가 구입하도록 안내하는 윤리적 내용을 포스터로 표현

주민 센터에서 배포한 공문

쓰는 방법 요즘 반려견과 관련된 각종 사고가 일어나 물의를 일으키자, 반려견을 키우는 사람들이 다른 사람들을 위해 배려해야 할 사항들을 공문으로 표현

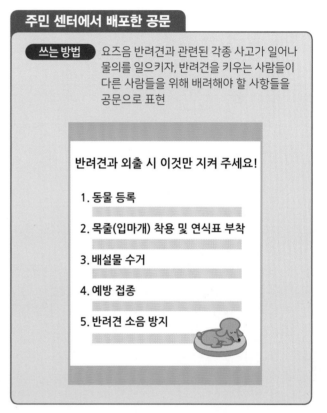

학교 누리집에 올라온 글

쓰는 방법 좋은 학교 만들기를 위해 주장하고 싶은 자신의 의견을 *누리 소통망을 활용해 표현

·누리 소통망: 소셜 네트워크 서비스를 다듬은 말 (SNS)로, 온라인에서 자유롭게 글이나 사진 등을 올리거나 나누는 것을 말함.

참 쉬운 글쓰기 3

목적에 맞는 글 쓰기

노크노크 2-# 해설

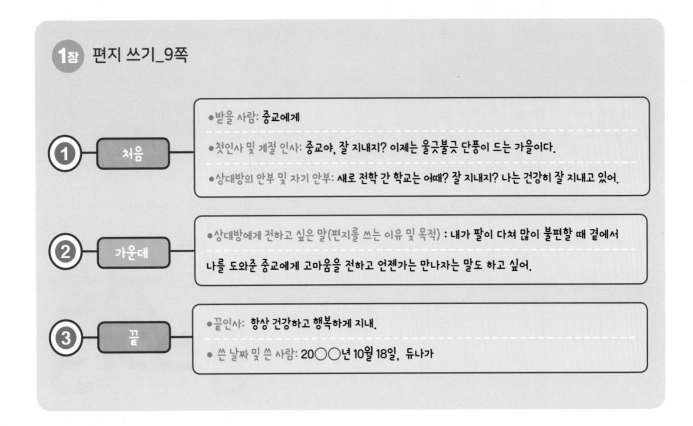

1장 편지 쓰기_9쪽

① **처음**
- ●받을 사람: 종교에게
- ●첫인사 및 계절 인사: 종교야, 잘 지내지? 이제는 울긋불긋 단풍이 드는 가을이다.
- ●상대방의 안부 및 자기 안부: 새로 전학 간 학교는 어때? 잘 지내지? 나는 건강히 잘 지내고 있어.

② **가운데**
- ●상대방에게 전하고 싶은 말(편지를 쓰는 이유 및 목적) : 내가 팔이 다쳐 많이 불편할 때 곁에서 나를 도와준 종교에게 고마움을 전하고 언젠가는 만나자는 말도 하고 싶어.

③ **끝**
- ●끝인사: 항상 건강하고 행복하게 지내.
- ●쓴 날짜 및 쓴 사람: 20○○년 10월 18일, 듀나가

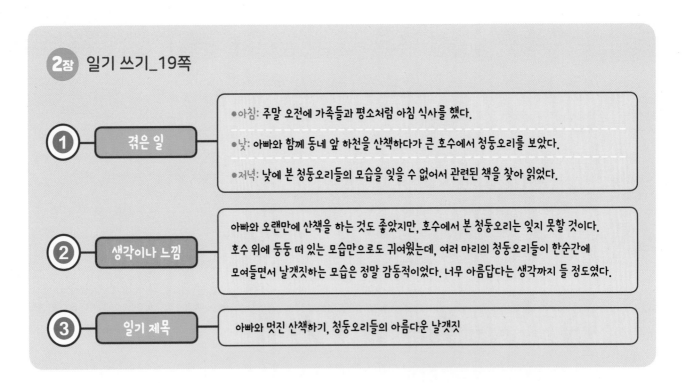

2장 일기 쓰기_19쪽

① **겪은 일**
- ●아침: 주말 오전에 가족들과 평소처럼 아침 식사를 했다.
- ●낮: 아빠와 함께 동네 앞 하천을 산책하다가 큰 호수에서 청둥오리를 보았다.
- ●저녁: 낮에 본 청둥오리들의 모습을 잊을 수 없어서 관련된 책을 찾아 읽었다.

② **생각이나 느낌**
아빠와 오랜만에 산책을 하는 것도 좋았지만, 호수에서 본 청둥오리는 잊지 못할 것이다. 호수 위에 둥둥 떠 있는 모습만으로도 귀여웠는데, 여러 마리의 청둥오리들이 한순간에 모여들면서 날갯짓하는 모습은 정말 감동적이었다. 너무 아름답다는 생각까지 들 정도였다.

③ **일기 제목**
아빠와 멋진 산책하기, 청둥오리들의 아름다운 날갯짓

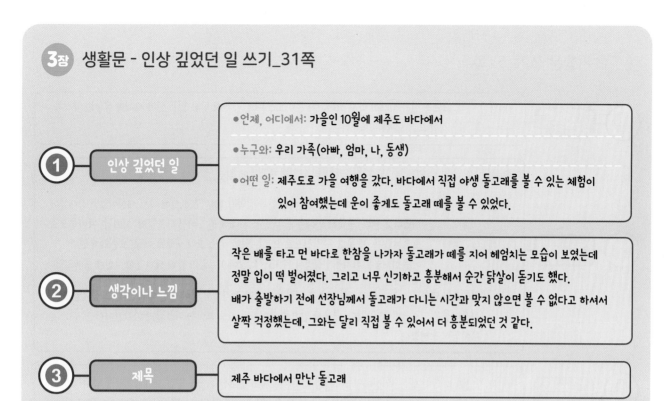

3장 생활문 - 인상 깊었던 일 쓰기_31쪽

① 인상 깊었던 일

- 언제, 어디에서: 가을인 10월에 제주도 바다에서
- 누구와: 우리 가족(아빠, 엄마, 나, 동생)
- 어떤 일: 제주도로 가을 여행을 갔다. 바다에서 직접 야생 돌고래를 볼 수 있는 체험이 있어 참여했는데 운이 좋게도 돌고래 떼를 볼 수 있었다.

② 생각이나 느낌

작은 배를 타고 먼 바다로 한참을 나가자 돌고래가 떼를 지어 헤엄치는 모습이 보였는데 정말 입이 떡 벌어졌다. 그리고 너무 신기하고 흥분해서 순간 닭살이 돋기도 했다. 배가 출발하기 전에 선장님께서 돌고래가 다니는 시간과 맞지 않으면 볼 수 없다고 하셔서 살짝 걱정했는데, 그와는 달리 직접 볼 수 있어서 더 흥분되었던 것 같다.

③ 제목

제주 바다에서 만난 돌고래

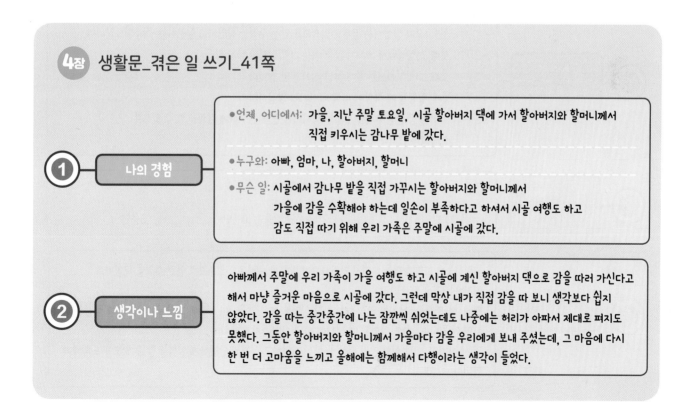

4장 생활문_겪은 일 쓰기_41쪽

① 나의 경험

- 언제, 어디에서: 가을, 지난 주말 토요일, 시골 할아버지 댁에 가서 할아버지와 할머니께서 직접 키우시는 감나무 밭에 갔다.
- 누구와: 아빠, 엄마, 나, 할아버지, 할머니
- 무슨 일: 시골에서 감나무 밭을 직접 가꾸시는 할아버지와 할머니께서 가을에 감을 수확해야 하는데 일손이 부족하다고 하셔서 시골 여행도 하고 감도 직접 따기 위해 우리 가족은 주말에 시골에 갔다.

② 생각이나 느낌

아빠께서 주말에 우리 가족이 가을 여행도 하고 시골에 계신 할아버지 댁으로 감을 따러 가신다고 해서 마냥 즐거운 마음으로 시골에 갔다. 그런데 막상 내가 직접 감을 따 보니 생각보다 쉽지 않았다. 감을 따는 중간중간에 나는 잠깐씩 쉬었는데도 나중에는 허리가 아파서 제대로 펴지도 못했다. 그동안 할아버지와 할머니께서 가을마다 감을 우리에게 보내 주셨는데, 그 마음에 다시 한 번 더 고마움을 느끼고 올해에는 함께해서 다행이라는 생각이 들었다.

5장 기행문 쓰기_51쪽

① 처음
● 여행한 목적: 요즈음 신라 시대의 역사 이야기가 흥미로웠는데, 경주에 남아 있는 신라 시대의 유물과 유적을 직접 보고 느끼기 위해서

② 가운데
● 여행 장소 및 일정: 20○○년 10월 10일부터 12일까지 경주에 있는 '불국사'를 방문했다.
● 보고 듣고 느낀 것: 경주 토함산에 자리 잡은 불국사는 신라 경덕왕 10년(751년)에 당시 재상이었던 김대성이 지었다고 한다. 불국사 안에는 통일 신라 시대에 만들어진 다보탑과, 석가탑, 자하문으로 오르는 청운·백운교, 극락전으로 오르는 연화·칠보교가 국보로 지정, 보존되어 있다. 이 문화재들은 가치를 인정받아 1995년 12월에 석굴암과 함께 세계 문화 유산에 등재되었다.
● 감상: 청운교와 백운교는 돌 하나하나를 다듬고 일정한 크기와 간격으로 쌓아 올린 다리인데, 그 정교함과 아름다움은 실로 감탄할 만했다. 불국사 안으로 들어가면 바로 보이는 다보탑과 석가탑에서는 우아함이 느껴졌다.

③ 끝
● 전체 감상과 더 알고 싶은 점: 신라인들이 돌을 다듬은 솜씨와 정교한 기술을 직접 보니 놀라움을 넘어 감동이었다. 그 오래전에 어떻게 이런 것이 가능했는지에 대해서 더 알고 싶다.

6장 요약하는 글 쓰기_63쪽

① 문단별 중심 문장 찾기
● 1문단: 안전사고가 발생하는 경우도 있으므로 안전 수칙을 확인하고 실천하는 것이 필요합니다.
● 2문단: 첫째, 선생님께서 계시지 않을 때는 과학 실험을 하지 않습니다.
● 3문단: 둘째, 과학실에서는 절대 장난을 치면 안 됩니다.
● 4문단: 셋째, 실험할 때 책상에 바짝 다가가지 않습니다.
● 5문단: 과학 실험 안전 수칙을 항상 기억하고 실천해 안전하게 실험을 할 수 있도록 노력해야 합니다.

② 글의 짜임에 알맞게 정리하기
❶을 바탕으로 '처음-중간-끝'에 해당하는 문단을 찾아 써 봅니다.
● 처음: 1문단   ● 중간: 2문단, 3문단, 4문단   ● 끝: 5문단

③ 내용 간추리기
어린이들이 과학 실험을 하면서 안전사고가 발생하는 경우도 있으므로 안전 수칙을 확인하고 실천하는 것이 필요합니다.
첫째, 선생님께서 계시지 않을 때는 과학 실험을 하지 않습니다. 둘째, 과학실에서는 절대 장난을 치면 안 됩니다. 셋째, 실험할 때 책상에 바짝 다가가지 않습니다.
위 세 가지의 '과학 실험 안전 수칙'을 항상 기억하고 실천해 안전하게 실험을 할 수 있도록 노력해야 합니다.

7장 독서 감상문 쓰기_73쪽

① **책 제목** ── 바우키스와 필레몬

② **책의 내용과 나의 생각** ──

- 책을 읽게 된 까닭: 텔레비전 여행 프로그램에서 두 인물에 대한 신화가 잠깐 소개되었는데, 더 알고 싶어져서 책을 찾아보았다.

- 책의 내용: 바우키스와 그녀의 남편인 착한 농부 필레몬은 나그네로 변신하여 인간 세상을 여행하는 제우스와 헤르메스를 반갑게 맞아 주고 정성스럽게 대접한 유일한 사람들이다. 이 둘의 마음을 느낀 제우스는 매정한 인간들을 홍수로 벌할 때 두 사람은 홍수를 피하게 해 주었다.

- 인상 깊은 부분: 가난한 바우키스와 필레몬이 손님들에게 대접한 음식은 지극히 소박했다. 얼마 남지 않은 포도주를 모두 그들에게 권하고, 포도주가 없을 줄 알았는데 항아리에는 계속해서 포도주가 가득 담겨 있었다.

- 생각이나 느낌: 어떤 물건을 넣으면 계속에서 가득 채워지는 보물 단지를 '화수분'이라고 하는데, 화수분이 정말로 있다면 불우이웃을 위해 유용하게 쓸 수 있어 참 좋겠다는 생각을 했다.

8장 설명하는 글 쓰기_83쪽

① **설명 대상** ── 우리의 명절 설날

② **설명 내용 및 설명 방법** ──

- 설명 내용: 처음: 설날의 의미, 중간 1: 설날의 의례(설날에 치르는 행사-차례, 세배) 중간 2: 설날에 입는 옷차림과 먹는 음식(설빔, 떡국), 중간 3: 설날에 하는 전통 놀이 (연날리기, 윷놀이), 끝: 설날의 의의

- 설명 방법: 정의(어떤 말이나 사물의 뜻을 분명하게 정하여 밝히는 것) 열거(여러 가지 예나 사실을 낱낱이 죽 늘어놓는 것) 예시(예를 들어 보이는 것)

③ **수집할 자료** ── 설날과 관련된 책(백과사전, 명절을 소개한 책 등), 윷놀이, 연날리기, 떡국, 한복을 담은 사진들

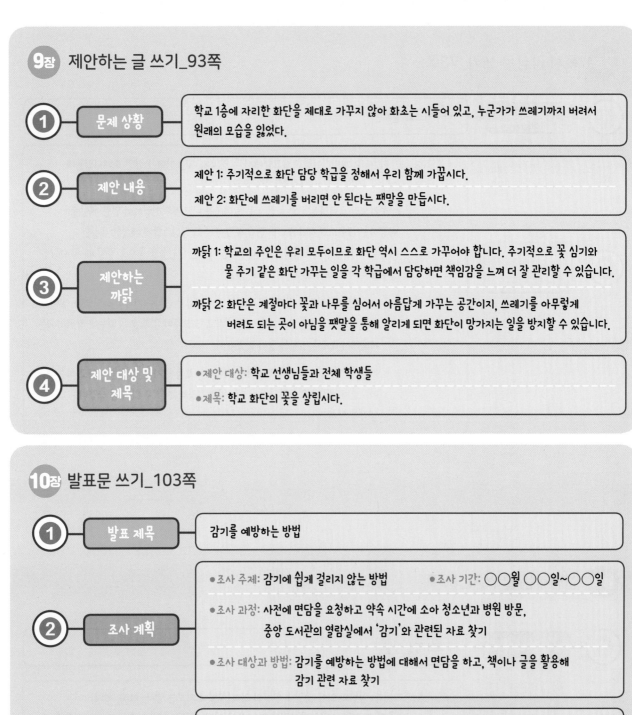

9장 제안하는 글 쓰기_93쪽

① 문제 상황 — 학교 1층에 자리한 화단을 제대로 가꾸지 않아 화초는 시들어 있고, 누군가가 쓰레기까지 버려서 원래의 모습을 잃었다.

② 제안 내용 —
제안 1: 주기적으로 화단 담당 학급을 정해서 우리 함께 가꿉시다.
제안 2: 화단에 쓰레기를 버리면 안 된다는 팻말을 만듭시다.

③ 제안하는 까닭 —
까닭 1: 학교의 주인은 우리 모두이므로 화단 역시 스스로 가꾸어야 합니다. 주기적으로 꽃 심기와 물 주기 같은 화단 가꾸는 일을 각 학급에서 담당하면 책임감을 느껴 더 잘 관리할 수 있습니다.
까닭 2: 화단은 계절마다 꽃과 나무를 심어서 아름답게 가꾸는 공간이지, 쓰레기를 아무렇게 버려도 되는 곳이 아님을 팻말을 통해 알리게 되면 화단이 망가지는 일을 방지할 수 있습니다.

④ 제안 대상 및 제목 —
●제안 대상: 학교 선생님들과 전체 학생들
●제목: 학교 화단의 꽃을 살립시다.

10장 발표문 쓰기_103쪽

① 발표 제목 — 감기를 예방하는 방법

② 조사 계획 —
●조사 주제: 감기에 쉽게 걸리지 않는 방법   ●조사 기간: ○○월 ○○일~○○일
●조사 과정: 사전에 면담을 요청하고 약속 시간에 소아 청소년과 병원 방문, 중앙 도서관의 열람실에서 '감기'와 관련된 자료 찾기
●조사 대상과 방법: 감기를 예방하는 방법에 대해서 면담을 하고, 책이나 글을 활용해 감기 관련 자료 찾기

③ 발표 내용 준비 —
●조사 결과: 의사 선생님께서 알려 주신 감기 예방 방법에는 '청결, 보온, 영양 보충, 규칙적인 생활'이 있다. 음식 백과사전에서 찾은 감기에 좋은 음식에는 '배, 수세미, 도라지, 생강, 무' 등이 있다.
●조사한 뒤 드는 생각이나 느낌: 우리가 병원의 소아 청소년과에 가는 이유는 대체로 '감기' 때문인데, 감기를 예방하는 방법이 생각보다 간단하고 어렵지 않았다. 감기에 좋은 음식 또한 주변에서 쉽게 찾을 수 있는 재료들이었다. 이를 친구들 앞에서 발표해 정보를 함께 공유했으면 좋겠다. 그리고 진료로 바쁘신데도 면담에 응해 주신 의사 선생님께 정말 감사드린다.

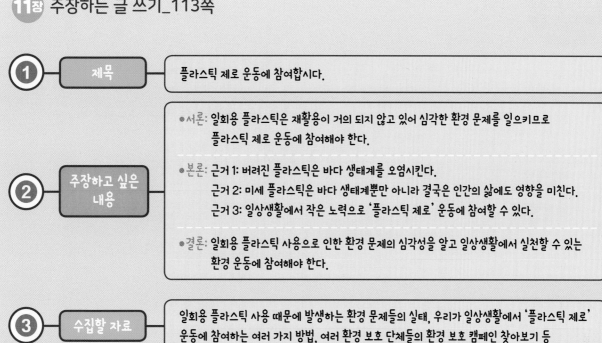

① 제목　플라스틱 제로 운동에 참여합시다.

② 주장하고 싶은 내용
- 서론: 일회용 플라스틱은 재활용이 거의 되지 않고 있어 심각한 환경 문제를 일으키므로 플라스틱 제로 운동에 참여해야 한다.
- 본론: 근거 1: 버려진 플라스틱은 바다 생태계를 오염시킨다.
　　　　근거 2: 미세 플라스틱은 바다 생태계뿐만 아니라 결국은 인간의 삶에도 영향을 미친다.
　　　　근거 3: 일상생활에서 작은 노력으로 '플라스틱 제로' 운동에 참여할 수 있다.
- 결론: 일회용 플라스틱 사용으로 인한 환경 문제의 심각성을 알고 일상생활에서 실천할 수 있는 환경 운동에 참여해야 한다.

③ 수집할 자료　일회용 플라스틱 사용 때문에 발생하는 환경 문제들의 실태, 우리가 일상생활에서 '플라스틱 제로' 운동에 참여하는 여러 가지 방법, 여러 환경 보호 단체들의 환경 보호 캠페인 찾아보기 등

MEMO